복음이란 무엇인가? 13

그리스도가 주시는 평안의 복음

The Gospel of Peace Christ Gives;
My Peace I Give You

임 덕 규 지음

"나의 평안을 너희에게 주노라 내가 너희에게 주는 것은 세상이 주는 것과 같지 아니하니라"(요 14:27).

기독교문서선교회

기독교문서선교회(Christian Literature Center: 약칭 CLC)는 1941년 영국 콜체스터에서 켄 아담스에 의해 시작되었으며 국제 본부는 미국 필라델피아에 있습니다.
국제 CLC는 59개 나라에서 180개의 본부를 두고, 약 650여 명의 선교사들이 이동도서차량 40대를 이용하여 문서 보급에 힘쓰고 있으며 이메일 주문을 통해 130여 국으로 책을 공급하고 있습니다.
한국 CLC는 청교도적 복음주의 신학과 신앙서적을 출판하는 문서선교 기관으로서, 한 영혼이라도 구원되길 소망하면서 주님이 오시는 그날까지 최선을 다할 것입니다.

The Gospel of Peace Christ Gives; My Peace I Give You

Written by

Duk-Kyu Im

Korean Edition
Copyright © 2018 by Christian Literature Center
Seoul, Korea

저자 서문

임 덕 규 목사
충성교회 담임

이 시대는 평안이 없는 시대입니다. 한 개인, 그가 속한 가정, 그가 속한 사회, 그가 속한 나라, 그가 속한 세계에도 평안이 없습니다. 저는 사람들이 얻기를 바라는 "평안"을 얻고 사는 자로서 이미 알려진 비밀을 말씀드리고자 합니다.

그 비밀은 예수 그리스도의 보혈입니다. 그리스도의 보혈로 하나님과 화목이 이루어졌으므로, 그리스도 보혈을 마음 중심에 믿는 자는 진정한 평안, 안식을 얻는 것입니다. 하나님이 평안의 근원이시기 때문입니다.

인간적인 방법으로 평안을 얻고자 하는 것은 일시적이

고, 자기기만이며, 위기가 오면 다 무너집니다. 그러나 그리스도 보혈 안에 있는 그리스도의 평안은 어떤 위기 시에도 요지부동입니다.

그리스도 십자가 대속의 피의 복음을 믿는 그리스도인은 그리스도께 항복하고 그리스도의 신하로 살고, 그리스도의 온유와 겸손을 배우며 살아야 합니다. 그러면 진정한 평안, 진정한 안식을 얻을 것입니다.

> 평강의 하나님이 모든 선한 일에 너희를 온전하게 하사 자기 뜻을 행하게 하시고 그 앞에 즐거운 것을 예수 그리스도로 말미암아 우리 가운데서 이루시기를 원하노라 영광이 그에게 세세무궁토록 있을지어다 아멘(히 13:20-21).

목차

◆ 저자 서문 _ 4

1. 평강의 근원 _ 11
   - 하나님은 평강의 하나님이다

2. 그리스도의 평안 _ 41
   - 나의 평안을 너희에게 주노라

3. 내 안에서 평안을 누리라 _ 73
   - 세상이 알지 못하는 평안을 누리며 살라

4. 수고하고 무거운 짐을 진 자 _ 102
   - 죄악 문제가 해결될 때 안식에 들어간다

5. 하나님 나라 평안, 세상 평안 _ 125
   - 위기 시에도 하나님의 평안은 요지부동이다

6. 그리스도의 멍에를 메라 _ 150
   - 그리스도 신하로 복종하며 살라 안식을 얻을 것이다

7. 내게 배우라, 쉼을 얻으리라 _ 175
   - 그리스도의 온유하고 겸손한 마음을 배우라

The Gospel of Peace Christ Gives; My Peace I Give You

그리스도가 주시는 평안의 복음

그리스도가 주시는 평안의 복음

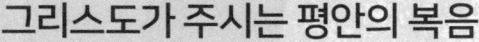
The Gospel of Peace Christ Gives; My Peace I Give You

"나의 평안을 너희에게 주노라 내가 너희에게 주는 것은
세상이 주는 것과 같지 아니하니라"(요 14:27).

1. 평강의 근원
- 하나님은 평강의 하나님이다

> [20] 양들의 큰 목자이신 우리 주 예수를 영원한 언약의 피로 죽은 자 가운데서 이끌어 내신 평강의 하나님이 [21] 모든 선한 일에 너희를 온전하게 하사 자기 뜻을 행하게 하시고 그 앞에 즐거운 것을 예수 그리스도로 말미암아 우리 가운데서 이루시기를 원하노라 영광이 그에게 세세무궁토록 있을지어다 아멘(히 13:20-21, 개역개정).

예수님은 그리스도시요 살아계신 하나님의 아들입니다. 예수님은 하나님의 아들 그리스도라는 증거로 십자가에서 우리 죄를 대신해서 피 흘려 죽으시고 죽은 자들 가운데서 부활하셨습니다. 이 예수님이 하나님의 아들, 예수님이 그리스도, 예수님이 내 죄를 대신해서 십자가에서 피 흘려 죽으시고 죽은 자들 가운데서 부활하셨다는 복음으로 우리 인생 모든 문제가 처리되고 해답을 얻습니다. 이 하나님의 아들 예수 그리스도 복음, 그리스도 십자가 대속의 피의 복음으로 깊이 뿌리내리기를 기원합니다.

여러분이 그리스도 십자가 대속의 피의 복음을 참되게 받고 십자가에 못 박히신 그리스도를 마음 중심에 모시고 살게 되면, 세상이 알지 못하는 평강의 기쁨을 얻으며 살아갈 것입니다. 예수님이 평강의 왕이시기 때문에 여러분은 세상이 알지 못하는 평안을 누리며 살게 될 것입니다.

◆ 너희 집에 평화가 있다

과거에 제가 장인어른을 저희 집에 모시고 한 8개월 산 적이 있었습니다. 그때에 저희 집은 가난하였고, 반면에 동서네 집은 큰 부잣집이었습니다. 장인께서 잠깐 큰 동서 집에 머물기도 하셨지만 그곳에서는 안식을 얻을 수 없으셨습니다. 가난한 우리 집에 머무시면서 매일 가정예배를 드리는 가운데 평안을 맛보았습니다. 그 평안은 물론 우리 가족 모두가 예수님을 그리스도로 믿는 믿음으로 말미암아 오는 것이었습니다.

그분은 말씀하셨습니다.

"너희 집에는 평화가 있다."

그리고 80이 넘으신 나이셨는데, 예수님을 구주 그리스도로 믿고 그리스도인이 되셨습니다. 우리 주 그리스도께서 우리 모두에게 주신 은혜입니다.

◆ 귀신 세계에는 평강이 없다

귀신들려 무당 생활을 하다가 그리스도께 돌아와 구원을 얻은 분들은 이 하나님의 평강, 그리스도의 평강이 얼마나 위대하고 귀한 것인가를 아주 극명하게 구분하여 잘 압니다. 귀신 세계는 평강이 없기 때문입니다. 귀신 세계는 깊이 들어가면 갈수록 불안감이 생을 지배한다고 합니다. 신자는 그 세계를 체험할 수 없기 때문에 무당 생활 청산한 분들의 이야기를 들은 것입니다.

그들의 말에 의하면 사탄도 역사하는 능력이 있으므로 크고 작은 일에 있어서 인간의 욕구를 충족시킬 수는 있지만, 그것은 순간적, 일시적 해결일 뿐 계속해서 굿, 치성, 산기도 등을 요구하게 된다고 합니다. 그렇지 않으면 재차 고난이 오고 심리적 불안이 머릿속을 꽉 채워서 결국은 많은 돈을 드려 귀신을 위한 의식을 행하게 되기 때문입니다. 그래서 그들은 경제적으로나 정신적으로 굉장한 손실이 있게 된다고 합니다. 이런 불안 속에 살던 무당들이 귀신에게서 떠나 하나님과 그리스도께로 돌아왔을 때 느끼는 하나님의 평강은 비교할 바가 없다고 말하는 것입니다.

진정한 평강의 근원은 하나님이십니다. 또한 하나님의 아들 예수 그리스도십니다. 하나님의 성령이십니다. 삼위일체 하나님 자신이 평강의 근원이십니다. 오늘 본문 히브리서 13장 20-21절은 히브리서의 결론 부분이요 송영입니다. 여기서 하나님은 "평강의 하나님"이라고 말하고 있습니다.

양들의 큰 목자이신 우리 주 예수를 영원한 언약의 피로 죽은 자 가운데서 이끌어 내신 평강의 하나님이 모든 선한 일에 너희를 온전하게 하사 자기 뜻을 행하게 하시고 그 앞에 즐거운 것을 예수 그리스도로 말미암아 우리 가운데서 이루시기를 원하노라 영광이 그에게 세세무궁토록 있을지어다 아멘 (히 13:20-21).

히브리서 송영은 "평강의 하나님"으로부터 시작하고 있습니다. 하나님은 평강의 하나님이십니다. 그런 하나님이 아니셨다면 하나님의 나라는 존재하지 않았을 것입니다.

◆ 하나님의 전체 목적은 평강의 산출

하나님의 전체 목적은 평강을 산출하고자 하시는 것입니다. 복음서 초두에 보면 이것을 발견할 수 있습니다. 누가복음 2장에 보면 천사가 밤에 양떼를 지키는 목자들에게 큰 소식을 전합니다.

> 홀연히 수많은 천군이 그 천사와 함께 하나님을 찬송하여 이르되 지극히 높은 곳에서는 하나님께 영광이요 땅에서는 하나님이 기뻐하신 사람들 중에 평화로다 하니라(눅 2:13-14).

여기서 이런 선언을 한 처음 순간부터 크게 강조되는 요점은 평강의 요소입니다. 평강의 하나님이 이러한 행동을 취하셨습니다. 그리하여 그 결과는 "땅에서는 하나님이 기뻐하신 사람들 중에 평화로다"라고 하였습니다.

사도 바울도 유대인과 이방인 사이의 벽을 허물게 하는 하나님의 평강을 이렇게 말합니다.

> 먼 데 있는 너희에게 평안을 전하시고 가까운 데 있는 자들에게 평안을 전하셨으니(엡 2:17).

구약 시대 선지자 이사야는 이 사실을 그리스도께서 그 일을 하실 것을 예언하였습니다.

> 이는 한 아기가 우리에게 났고 한 아들을 우리에게 주신 바 되었는데 그의 어깨에는 정사를 메었고 그의 이름은 기묘자라, 모사라, 전능하신 하나님이라, 영존하시는 아버지라, 평강의 왕이라 할 것임이라 (사 9:6).

과연 그리스도께서 인간으로 오셔서 그렇게 하셨습니다.

왜 이렇게 하셨습니까?

하나님 나라 목적은 평화를 이룩하는 것이기 때문입니다. 바로 그 때문에 우리 예수님의 오심은 필연적인 것이 되었습니다.

◆ 죄는 하나님을 대적

죄는 하나님을 대적하여 모반하고 적의를 드러냈습니다. 하나님께서 인간을 자기 형상대로 지으시고 에덴동산에 두셨습니다. 에덴동산에서 인류의 첫 조상 아담과 하와는 평강의 삶, 하나님과 더불어 교제하는 평강의 삶을 살았습니다. 그런데 사탄이 개입하여 여러 질문과 의문을 제기했고, 평강을 어지럽게 하였으며, 하나님과 관계를 깨뜨리고 하나님께서 사람들에 대해 적대감을 갖고 계시다고 암시함으로써 인간들 속에 적의를 만들어 냈습니다.

우리는 그 유명한 창세기 3장 사건을 또 한 번 들어야겠습니다.

> 그런데 뱀은 여호와 하나님이 지으신 들짐승 중에 가장 간교하니라 뱀이 여자에게 물어 이르되 하나님이 참으로 너희에게 동산 모든 나무의 열매를 먹지 말라 하시더냐 여자가 뱀에게 말하되 동산 나무

의 열매를 우리가 먹을 수 있으나 동산 중앙에 있는 나무의 열매는 하나님의 말씀에 너희는 먹지도 말고 만지지도 말라 너희가 죽을까 하노라 하셨느니라 뱀이 여자에게 이르되 너희가 결코 죽지 아니하리라 너희가 그것을 먹는 날에는 너희 눈이 밝아져 하나님과 같이 되어 선악을 알 줄 하나님이 아심이니라 여자가 그 나무를 본즉 먹음직도 하고 보암직도 하고 지혜롭게 할 만큼 탐스럽기도 한 나무인지라 여자가 그 열매를 따먹고 자기와 함께 있는 남편에게도 주매 그도 먹은지라 이에 그들의 눈이 밝아져 자기들이 벗은 줄을 알고 무화과나무 잎을 엮어 치마로 삼았더라 그들이 그날 바람이 불 때 동산에 거니시는 여호와 하나님의 소리를 듣고 아담과 그의 아내가 여호와 하나님의 낯을 피하여 동산 나무 사이에 숨은지라(창 3:1-8).

아담과 하와가 하나님이 금지한 나무 열매를 따먹음으로 범죄하자 하나님이 두려운 존재가 되어 하나님의 낯을 피하여 숨었습니다. 하나님과 인간 사이에 평화가 깨졌습니다. 이제 인간은 자기를 정죄하게 될 하나님께 대하여 적대감을 갖게 되었습니다.

그러나 범죄한 인간에게 내린 하나님의 징계는 결코 저주라고 할 수만은 없었습니다. 하나님께서 아담에게 생의 고난을 주셨지만(창 3:17-19) 그것은 오직 인간을 다시 자기에게로 돌아와 하나님과 더불어 교제하는 평강의 삶을 살게 하기 위한 수단이었습니다.

◆ 죄는 평강의 결여를 가져온다

죄는 항상 평강의 결여를 가져옵니다. 하나님과 사람 사이의 평강의 결여, 사람과 사람 사이의 평강의 결여, 천사들과의 평강의 결여, 어느 곳에서나 평강의 결여를 가져옵니다.

원죄의 결과로 전 세계는 불안과 전쟁, 하나님과 사람 사이의 적대감, 사람과 사람 사이의 적의로 충만합니다. 선지자 이사야는 "내 하나님의 말씀에 악인에게는 평강이 없다 하셨느니라"(사 57:21)고 하였습니다. 어느 곳에서도 평강이 없습니다. 세상은 그 점을 증거하고 있습니다.

구원의 목적은 무엇입니까?

그것은 평강을 만들어내는 것입니다. 하나님께서는 평화와 질서의 하나님이십니다. 구원이란 하나님과 화해하는 것입니다.

> 곧 하나님께서 그리스도 안에 계시사 세상을 자기와 화목하게 하시며(고후 5:19).

화목은 두 원수가 하나로 함께 묶여 있는 상태를 만드는 것입니다.

(1) 하나님으로부터 나오는 평화의 첫째는 복음의 평화
  - 하나님에 대한 두려움 제거, 하나님과 화해

"평강"이라는 단어는 단순히 "평화로움"을 뜻하는 것

이라고만 할 수 없습니다. 그것은 먼저 하나님과 더불어 누리는 평화입니다. 히브리서 13장 20절에서 말한 "평강의 하나님"으로부터 나오는 것입니다. 이 평강은 하나님께서 우리를 위해 평화의 길을 마련하신 것을 믿음으로 얻는 것입니다.

그래서 사도 바울은 "그러므로 우리가 믿음으로 의롭다 하심을 받았으니 우리 주 예수 그리스도로 말미암아 하나님과 화평을 누리자"(롬 5:1)고 하였습니다. 이보다 더 놀라운 것은 없습니다. 사람들이 그리스도인이 될 때 그들에게 일어나는 첫 번째 요점은 하나님에 대한 두려움을 떠나보낸다는 것입니다.

사도 요한에 의하면 하나님에 대한 두려움은 "형벌을 가진" 두려움입니다(요일 4:18). 그러므로 하나님을 두려워할 때 사람들은 전혀 평강을 가질 수 없습니다. 그것은 무서운 형벌입니다.

하나님께서 자신을 대적하고 계신다는 느낌을 가집니다. 의로운 재판장이신 하나님께서 자신을 세밀하게 살피고 정죄하며 벌하고자 기다리고 계시는 분이라는 느낌을 가지는 것입니다. 이것이 중생하지 않은 사람의 하나님에 대한 태도입니다.

유명한 무신론자 영국의 철학자 버트란트 러셀(Bertrand Russell)은 하나님의 이러한 정죄 의식을 피하고자 하나님을 거부했습니다. 그는 간음을 일삼는 지극히 방탕한 삶을 살았습니다. 현실 세상에서 공의롭고 거룩하신 하나님이 계신 세계에서 살 수 없었던 그는 하나님이 안 계신 세계, 곧 미칠듯한 양심의 가책을 느끼지 않아도 되는 무신론의 세계 속에 살았습니다. 무신론이야말로 불경건한 자의 버팀목인 것입니다.

그러나 사람들이 그리스도인이 되는 순간, 하나님과 화해하게 됩니다. 또 하나님이 자신의 아버지임을 알게 됩니다. 그러므로 하나님께서 자신을 벌하려고 자신을 살피고 계시지 않는다는 것을 알게 됩니다. 모든 인간 아버지도 자녀가 자라고 성공하는 일에 지대한 관심을 가지고 돌보아줍니다. 만일 자녀가 실패하더라도 안타까움과 슬픔을 갖고 대하는 것입니다. 이처럼 그리스도인들도 아버지를 갖게 되는데, 그리스도인들이 갖는 하나님 아버지는 지상의 아버지와 비길 바 없이 더 위대하고 능력있으며 더 좋은 분이십니다.

 (2) 하나님으로부터 나오는 평화의 두 번째는 양심의 평화 - 하나님은 중생한 자에게 평강을 주신다

 인간은 하나님께서 주신 양심을 갖고 살기 때문에 하나님과 화해하지 못한 인간의 양심은 자신을 정죄하는 의식을 갖고 살게 됩니다. 사탄의 참소와 주위의 여건으로 생긴 과오나 죄악들은 양심을 괴롭게 하고 고통을 갖게 합니다.
 그러나 하나님께서 인간들과 화평하도록 보내신 그의 아들 예수 그리스도를 믿게 되면 하나님의 영, 그리스도의 영을 받게 되어 하나님을 "아빠 아버지"라고 부르며(롬 8:15) 양심의 평화 속에 살게 됩니다.
 예수님은 양자의 영이신 자신의 성령을 인간에게 주

시기 위해서 이 세상에 오신 분이셨습니다(요 16:5-7). 그래서 우리가 예수님을 구세주 그리스도로 믿을 때 "무서워하는 종의 영을 받지 아니하고 양자의 영을 받았으므로"(롬 8:15) 신자는 하나님과 평화하고 양심의 가책을 받지 않고 내심의 자유를 누리며 사는 것입니다.

예수님은 십자가를 지시기 전날 밤 고별 설교에서 마음에 근심과 평안이 없는 그들에게 이렇게 격려하셨습니다.

> 평안을 너희에게 끼치노니 곧 나의 평안을 너희에게 주노라 내가 너희에게 주는 것은 세상이 주는 것과 같지 아니하니라 너희는 마음에 근심하지도 말고 두려워하지도 말라(요 14:27).

세상은 이런 평강을 줄 수 없습니다. 세상에 속한 사람은 그것에 대해서 아무것도 알지 못합니다. 그러나 그리스도인은 그것을 받았습니다. 그리스도인 속에 평강을 가지고 있습니다.

저는 이 평강을 누리며 사는 자입니다. 만일 이 평강이 사라지면 아무것도 하기가 어렵습니다. 마음이 불안하고 안정이 안되기 때문에 사고도 바르게 못하고 심령의 고통이 심합니다.

이런 심령의 작용은 우리 안에 계신 그리스도의 영이신 성령님께서 하시는 일입니다. 우리 안에 계신 성령님은 우리가 하나님의 뜻에 부합하지 않은 계획을 세우고 진행하고자 할 때나 혹은 자신의 죄를 하나님께 자복하지 않고 숨기고 있을 때면 성령님은 우리 마음에 평화를 거두어 가심으로 우리로 마음의 평안과 안정을 누리지 못하게 하는 것입니다.

그러나 사실은 이것은 그리스도인의 최고의 축복이기도 합니다. 왜냐하면 그런 작용을 통해서 우리의 길을 인도하고 계시기 때문입니다. 우리는 하나님께서 주신 평강이 우리 양심 속에서 사라지면 우리가 하는 일을 점검하고 또 하나님의 평강이 우리를 지켜주실 때까지 기다려야 하는 것입니다.

그리스도인이 실패하는 경우는 많은 경우가 성령께서 역사하시는 평강 시에는 무시하고 자기 의지대로 따르기 때문입니다. 그래서 사도 바울은 빌립보서 4장 6-7절에서 이렇게 말하고 있습니다.

> 아무 것도 염려하지 말고 다만 모든 일에 기도와 간구로, 너희 구할 것을 감사함으로 하나님께 아뢰라 그리하면 모든 지각에 뛰어난 하나님의 평강이 그리스도 예수 안에서 너희 마음과 생각을 지키시리라(빌 4:6-7).

우리 안에 무슨 일이 일어납니까?

"모든 지각에 뛰어난 하나님의 평강이 그리스도 예수 안에서 너희 마음과 생각을 지키시리라"고 하는 것입니다.

하나님과 평화한 자는 그 다음에 반드시 자신의 양심의 평화를 누리며 살아야 합니다. 여기에 그리스도인의 행복이 있고 기쁨이 있고, 천국백성으로서의 자격

이 따릅니다. 자신의 마음속에 하나님이 주신 평강이 없으면 하나님 나라 백성으로 살 수가 없습니다. 하나님 나라는 평강과 기쁨의 두 기둥 위에 세워진 나라이기 때문입니다(롬 14:17).

> (3) 하나님으로부터 나오는 평화의 세 번째는 이웃과의 평화 - 유대인과 이방인과의 평화가 온다

하나님과 평화하고 자신의 양심의 평화를 가진 자는 필연적으로 이웃과의 평화를 얻게 됩니다. 이에 관한 가장 적합한 진술이 에베소서 2장에 나옵니다.

> 그러므로 생각하라 너희는 그때에 육체로는 이방인이요 … 그때에 너희는 그리스도 밖에 있었고 이스라엘 나라 밖의 사람이라 약속의 언약들에 대하여는 외인이요 세상에서 소망이 없고 하나님도 없는 자이더니 이제는 전에 멀리 있던 너희가 그리스도 예수 안에서 그리스도의 피로 가까워졌느니라

> 그는 우리의 화평이신지라 둘로 하나를 만드사 원수 된 것 곧 중간에 막힌 담을 자기 육체로 허시고 (엡 2:11-14).

그리스도의 십자가 대속의 피는 우리의 화평이 되어 유대인과 이방인을 하나로 만들었다는 것입니다. 그리스도 예수 안에서 모두 하나가 되었습니다. 그러므로 그리스도인들은 형제간에 서로 정죄하지 말고 하나님 나라 백성답게 평강과 희락의 하나님 나라를 누리며 살라고 사도 바울은 로마서 14장에서 강조하고 있습니다.

> 우리가 다시는 서로 비판하지 말고 도리어 부딪칠 것이나 거칠 것을 형제 앞에 두지 아니하도록 주의하라 … 만일 음식으로 말미암아 네 형제가 근심하게 되면 이는 네가 사랑으로 행하지 아니함이라 그리스도께서 대신하여 죽으신 형제를 네 음식으로 망하게 하지 말라 … 하나님의 나라는 먹는 것과 마시는 것이 아니요 오직 성령 안에 있는 의와 평강과

희락이라(롬 14:13-17).

하나님 나라는 평강이라고 합니다. 하나님 나라는 서로의 적대감을 패한다고 합니다. 이웃과의 평강을 요구하는 것입니다.

골로새서 3장 15절에서도 말합니다.

> 그리스도의 평강이 너희 마음을 주장하게 하라 너희는 평강을 위하여 한 몸으로 부르심을 받았나니 너희는 또한 감사하는 자가 되라(골 3:15).

그리스도인들은 모두가 그리스도 안에서 평강을 위하여 한 몸으로 부르심을 받은 자들입니다. 여러분들은 이웃과의 관계에서 하나님의 평강의 판정자가 되어 행동해야 할 자들입니다.

이미 예수님께서도 산상수훈에서 이 사실을 말씀하셨습니다.

화평하게 하는 자는 복이 있나니 그들이 하나님의
아들이라 일컬음을 받을 것임이요(마 5:9).

하나님으로부터 나오는 평화를 받고 사는 그리스도인은 이웃과 화평을 만들어가는 사명을 받았습니다. 화평을 만드는 것이 하나님의 자녀들의 큰 특징입니다. 그들의 하늘 아버지께서 평강의 하나님이시기 때문입니다. 평강의 하나님을 모시고 사는 그리스도인은 분열과 분쟁을 만들어내는 사람이 아니요, 하나님 아버지와 같이 그들도 평화를 만드는 자입니다. 여러분이 계신 곳에 하나님의 평강이 지배되도록 해야 마땅합니다.

(4) 하나님으로부터 나오는 평화의 네 번째는 천사
　　들과의 평화 - 섬기라고 보내심을 받은 천사들

타락한 인간은 하나님을 떠나 사탄의 권세 속에 사는 자들이기에 그들에게는 무서워하는 종의 영을 받고 사는 자가 되었습니다(롬 8:15; 요일 4:18). 그리하여 타락한 인간은 항상 하나님과 적대관계를 유지하며 살고 있으므로 하나님께서 부리는 천사들과 평화를 누리며 살 수가 없게 되었습니다.

그러나 우리가 예수님을 하나님의 아들 그리스도로 믿고 구원을 경험할 때에 그리스도인은 천사의 영역에 들어갑니다. 천사들은 구원받은 그리스도인의 삶의 부분입니다. 이 천사들은 존귀한 영적 존재들로서 능력 있는 자들이며 하나님을 섬기면서 그의 뜻을 행하고 그 말씀의 소리를 듣습니다(시 103:20). 또한 천사들은 하나님의 뜻이 성취되는 곳에 임하여 그 뜻을 성취합니다(시 103:21).

"모든 천사들은 섬기는 영으로서 구원받을 상속자들을 위하여 섬기라고 보내심"(히 1:14)을 받았습니다. 그리하여 그들은 즉시 성도들을 섬기기 위해 하늘에 계신 하나님 아버지의 얼굴을 항상 뵈옵고 있습니다(마 18:10). 이를 볼 때 복음을 받은 그리스도인 모두는 하나님에 의해 우리를 지키도록 특별히 임명받은 천사들을 소유하고 있다는 주장을 더 깊이 연구할 필요가 있습니다.

시편에는 천사들이 구원받은 성도들을 위해 봉사하는 말씀이 많이 있습니다.

시편 34장 7절을 보면 "여호와의 천사가 주를 경외하는 자를 둘러 진 치고 그들을 건지시는도다"라고 합니다.

하나님은 악령들의 위해와 권세로부터 그의 백성들을 보호하기 위해 선한 천사들의 봉사를 이용하십니다. 그리고 이 선한 천사들은 날마다 우리가 알고 있는 것보다 더 많은 선한 직무를 우리에게 수행하여 주고 있습니다. 천사들은 그들을 만드신 하나님께 순종하고 하나님의 형상대로 만들어진 인간들을 사랑하기 때문에 스스로 낮추어 성도들에게 봉사하고 흑암의 권세와 대항하여 성도들을 옹호합니다. 천사들은 성도들을 찾아갈 뿐만 아니라 그들 주위에 포진하여 활동하기도 합니다.

시편 80편 12, 13절도 보면 "주께서 어찌하여 그 담을 허시사 길을 지나가는 모든 이들이 그것을 따게 하셨나이까 숲 속의 멧돼지들이 상해하며 들짐승들이 먹나이다"고 하였습니다.

하나님께서 그 담을 헐으시기 전까지는 원수들이 이 포도나무의 잎 하나도 딸 수 없었습니다. 하나님께서 천군천사로 계속 성도들을 지켜 주시는 한 흑암세력은 성도를 해할 수 없습니다. 그때에 성도들은 어떤 들짐승들도 두려워할 필요가 없습니다. 그러나 우리가 하나님을 떠나고 물러가게 한다면 우리의 방패가 우리를 떠나므로 우리는 멸망할 것입니다.

복음 받은 우리가 하나님과 평화할 때에 천사들과 평화를 누리며 산다는 것은 사실은 하늘의 신비입니다. 천사는 눈에 보이는 존재가 아니기 때문에 그 존재를 육신적 감각으로 인식할 수 없습니다. 그러나 하나님과 그리스도의 평강으로 인도받은 성도들은 그들의 삶 속에서 이루어진 능력의 역사를 통해 천사들과의 평화 속에 오는 수많은 도움을 인정하지 않을 수 없는 것입니다. 우리가 구원을 경험할 때 그리스도인은 천사의 영역에 들어가 살며 동시에 천사들은 그리스도인의 삶의 부분이라는 것을 기억할 것입니다.

말씀을 정리하며 마치고자 합니다. **예수님은 그리스도**

시오 살아계신 하나님의 아들입니다. 예수님은 하나님의 아들 그리스도라는 증거로 십자가에서 우리 죄를 대신해서 피 흘려 죽으시고 죽은 자들 가운데서 부활하셨습니다. 이 예수님이 하나님의 아들, 예수님이 그리스도, 예수님이 내 죄를 대신해서 십자가에서 피 흘려 죽으시고 부활하셨다는 복음으로 우리 인생 모든 문제가 처리되고 해답을 얻습니다. 이 하나님의 아들 예수 그리스도의 복음, 그리스도 십자가 대속의 피의 복음으로 깊이 뿌리내리기를 기원합니다.

여러분이 그리스도 십자가 대속의 피의 복음을 마음 중심에 믿고 평강의 왕 그리스도를 모시고 살면 세상이 알지 못하는 평강과 기쁨을 얻으며 살아가게 됩니다. 인간은 하나님의 형상대로 창조된 자로서 하나님과 더불어 평강의 삶, 곧 하나님과 더불어 교제하는 삶을 살도록 창조되었습니다.

그러나 죄로 인하여 하나님과 인간 사이에 평강이 사라졌습니다. 하나님과 사람 사이의 적의가 생겼습니다. 그 결과 인간은 자기 자신은 물론 다른 사람과의 관계에서도 평강의 결여를 가져왔습니다.

그러나 하나님께서 그 아들 예수 그리스도를 평강의 왕으로 보내사 인간들에게 평화를 선물로 주셨습니다. 하나님의 아들 예수 그리스도의 십자가 대속의 공로로 말미암아 하나님과 인간들 사이에 죄가 마련해 놓은 적의를 없애버렸고 하나님과 인간 사이에 평화로운 왕래를 개설하였습니다.

하나님께서 평화로 우리와 함께 하신다면 모든 평화가 거기에서 유래되어 나오는 것입니다. 히브리서 13장 20절에서 하나님은 "평강의 하나님"으로 불리시는데 이것은 모든 평화가 하나님으로부터 나오는 것을 말합니다. 하나님으로부터 나오는 평화에 대하여 살펴보도록 하겠습니다.

첫째, 평화는 복음의 평화입니다.

이 복음의 평화는 하나님에 대한 두려움을 제거하고 하나님과 화해하게 하는 평화입니다.

둘째, 양심의 평화입니다.

하나님은 중생한 자에게 내심의 평강을 주시는 것입니다.

셋째, 이웃과의 평화입니다.

이 평화는 유대인과 이방인과의 평화로 에베소서 2장에 잘 묘사되어 있습니다.

넷째, 천사들과의 평화입니다.

천사들은 구원받은 성도들을 섬기라고 보낸 도구들입니다.

이렇게 하나님께서 평화롭게 우리와 함께 하신다면 모든 평화가 거기에서 유래되어 나옵니다. 즉 양심의 평화, 유대인과 이방인과의 평화, 천사들과의 평화가 옵니다.

하나님께 근원을 두는 이 초월적 평강의 토대는 히브리서 13장 20절에 보면 "우리 주 예수를 영원한 언약의 피로 죽은 자 가운데서 이끌어 내신 평강의 하나님"이라고 하여 영원한 언약의 피가 그 평강의 토대입니다. 우리가 평화를 받은 대가는 예수님의 피, 즉 성육신하신 하나님의 아들의 십자가에서 드려진 피의 희생제사입니다.

예수님의 거룩하신 보혈만이 하나님과 우리 사이의

평강의 토대입니다. 예수님의 보혈이 평화를 가져옵니다. 오직 그리스도, 오직 믿음, 오직 그리스도 십자가 보혈, 오직 성령으로 답이 나오는 여러분 되시기를 기원합니다. 기도하겠습니다. 믿음 충만, 그리스도 충만, 성령 충만, 소망 충만, 평강으로 충만받고 하나님 사랑과 이웃 사랑의 전도자로 살아 하나님의 아들이라 일컬음을 받고 살기를 바랍니다.

살아계신 아버지 하나님!

하나님의 은혜를 감사합니다.

평안이 없는 세상에서 우리로 하나님 나라의 평안을 누리며 살게 하시니 감사합니다. 이는 우리의 노력으로 얻는 것이 아니고 하나님께서 그의 아들의 십자가 보혈로 말미암아 우리와 화목하게 하심으로 주신 복음의 평화임을 믿습니다.

이 하나님께서 주신 평안으로 우리가 우리 자신의 양심의 평화를 누리고, 이웃과 평화, 그리고 천사들과 평화를 누리며 살게 하심을 감사합니다. 오늘도 평강의 하나님께서 예수 그리스도로 말미암아 우리에게 충만히 임하사 평강과 기쁨의 왕국이 우리 심령 속에 능력있게 이루어지게 하여 주옵소서.

어떤 위기와 고난 앞에서도 요지부동한 하나님의 평강을 누리며 살도록 우리를 통치하시며 다스려 주옵소서. 그리고 성령 충만, 그리스도 충만, 소망 충만 받고 하나님 사랑과 이웃 사랑의 전도자로 살게 하여 주옵소서.

예수님의 이름으르 기도하옵나이다. 아멘.

그리스도가 주시는 평안의 복음
The Gospel of Peace Christ Gives; My Peace I Give You

"나의 평안을 너희에게 주노라 내가 너희에게 주는 것은 세상이 주는 것과 같지 아니하니라"(요 14:27).

2. 그리스도의 평안

- 나의 평안을 너희에게 주노라

> 평안을 너희에게 끼치노니 곧 나의 평안을 너희에게 주노라 내가 너희에게 주는 것은 세상이 주는 것과 같지 아니하니라 너희는 마음에 근심하지도 말고 두려워하지도 말라(요 14.27, 개역개정)

예수님은 그리스도시요 살아계신 하나님의 아들입니다. 예수님이 하나님의 아들 그리스도라는 증거로 십자가에서 우리 죄를 대신해 피 흘려 죽으시고 죽은 자들 가운데서 부활하셨습니다. 이 예수님이 하나님의 아들, 예수님이 그리스도, 예수님이 내 죄를 대신해서 십자가에서 피 흘려 죽으시고 부활하신 복음으로 여러분의 인생의 모든 문제가 처리되고 해답을 얻습니다. 참되게 복음으로 깊은 뿌리를 갖기를 기원합니다.

이 복음으로 참된 뿌리를 갖고 깊이 그 뿌리를 내릴 때 하나님 나라의 안식, 곧 그리스도의 평안을 맛보며 살게 됩니다. 그리스도인의 최고의 축복 중의 하나가 평강입니다. 그리스도인은 이 하나님 나라의 안식인 그리스도의 평안을 우리 주님께서 재림하신 후 새 하늘과 새 땅에 이루어진 새 예루살렘에서 그리스도와 함께 마음껏 누리며 살게 될 것입니다.

그러므로 그리스도의 평안, 곧 하나님 나라의 안식은 온 인류가 추구하는 궁극적인 목표입니다. 평안, 히브리어로 샬롬은 인류의 여정의 목표입니다. 종착역입니다. 성경에서 약속된 축복의 본질적인 핵심이 평강입니다. 평강, 곧 샬롬은 온 인류가 오랫동안 갈망해온 최고의 완성의 표지입니다. 행복의 기초가 평안이요, 안식입니다.

여러분과 여러분의 가정에 이 그리스도의 평안이 충만히 임하기를 기원합니다. 세상에는 참된 평안이 없기 때문에 누구나 갈망하는 이상향(理想鄕)은 평안의 나라입니다. 우리 교회 전도메시지에서 제가 이런 내용을 실었습니다.

'무릉도원, 복숭아꽃 별천지'

여러분이 기억을 할 것으로 봅니다. 그 내용을 다시 한 번 소개하겠습니다.

◆ 무릉도원, 이 세상에 이상향은 있는가?

무릉도원(武陵桃源)은 중국 동진 송대의 시인 도연명(AD 365-427)의 『도화원기』에 나오는 별천지 이름입니다. 사람들이 화목하고 행복하게 살 수 있는 곳을 비유한 이름입니다.

일종의 이상향입니다.

이런 이상향이 이 세상에 있겠습니까?

없다고 하는 것이 『도화원기』의 결론입니다.

도연명의 『도화원기』에 의하면 무릉에 사는 한 어부가 배를 타고 가다가 복숭아꽃이 만발한 숲 속에서 길을 잃어버렸습니다. 어부는 배에서 내려서 복숭아꽃이 흐드러지게 핀 숲길을 지나갔습니다. 한참을 걸어도 복숭아나무뿐이었습니다. 어부는 신기해서 그 길을 끝까지 가보았습니다. 마침내 어부는 어떤 평화의 마을에 이르렀습니다.

그곳에는 논밭과 연못이 모두 아름답고 닭소리와 개 짖는 소리가 한가로우며, 남녀가 모두 외계인과 같은 옷을 입고 즐겁게 살고 있었습니다. 어부는 그곳 사람들에게서 융숭한 대접을 받고 돌아오는데, 그곳의 이야기는 입 밖에 내지 말라는 당부를 받았습니다. 그러나 그 어부는 이 당부를 어기고 돌아오는 도중에 표를 해 두었습니다. 훗날 그 어부가 그곳을 잊지 못하고 다시 가보았지만 찾을 수가 없었습니다.

도연명의 『도화원기』의 글은 전승되어서 선사상(禪思想)에 큰 영향을 미쳤습니다. 그의 유토피아 사상이 후세의 문학 · 예술에 큰 영향을 미쳤다는 것입니다. 저 개인적으로도 예수님을 그리스도로 믿고 하늘나라를 내 마음 중심에 이루며 살기 전에는 이 '무릉도원'의 환상을 꿈꿀 때가 많았습니다. 저는 과거에 예수님을 만나기 전에 '이 복사꽃이 찬란하게 피는 그곳에서 있고 싶다'는 향수를 갖고 살았습니다.

그러나 이 세상에서는 잃어버린 낙원, 실낙원은 찾을 수가 없는 것입니다.

왜 그렇습니까?

창세기 3장 사건 때문에 그렇습니다. 아담과 하와가 하나님께 불순종해서 하나님께서 금지한 율법인 "선악을 알게 하는 나무의 실과를 먹지 말라 네가 먹는 날에는 반드시 죽으리라"는 명령을 지키지 않고 사탄의 유혹으로 하나님께 반역해서 그 열매를 따먹었기 때문에 그렇습니다.

◆ 에덴동산의 하나님의 나라

에덴동산의 하나님의 나라는 그야말로 평화와 감격과 기쁨의 나라였는데, 이 평화의 나라는 하나님께 대한 순종을 조건으로 성립된 평화와 행복의 나라였습니다. 그리고 샬롬의 나라였습니다. 진정한 평안과 진정한 샬롬은 평화의 하나님과 교제하는 가운데서 얻는 것이었습니다.

그런데 하나님께 반역해서 하나님을 떠나 마귀를 따르고 하나님과 원수가 되는 순간에 에덴의 하나님의 나라, 평화의 나라는 붕괴되고 말았습니다. 세상 나라, 이 사탄의 말을 듣는 나라가 이 세상에 세워졌습니다. 이제 하나님께서 주시는 평안은 파괴되고 샬롬은 사라졌습니다. 아담과 하와는 하나님과의 관계에 있어서만 평안을 잃어버린 것이 아니었습니다.

하나님과 원수관계가 되자마자 아담과 하와는 자신들의 양심과도 평화를 누리지 못하고 이웃과도 평화를 누리지 못하는 존재가 되었습니다. 그들은 하나님의 율법과 싸우는 존재가 되었고, 하나님의 모든 진리와 더불어 싸우는 존재가 되었습니다. 아담과 하와는 사탄의 학정 속에서, 그리고 그들의 양심의 정죄 속에서, 또 천군 천사들의 적대감 속에서 살게 되었습니다. 무엇보다도 하나님과 원수된 관계 속에서 살게 되었습니다.

평화가 있겠습니까?

없습니다. 여러분 직장에서 상사와 관계가 좋지 않

다고 생각해보십시오.

상사와 원수관계가 되었다면 직장에서 평안하겠습니까?

가정에서 아버지와 부자지간에 원수가 되었다고 합시다.

그러면 그 가정에서 평화를 누리겠습니까?

아닙니다.

하물며 창조주 되신 하나님과 원수관계가 되었는데 평화가 있겠습니까?

없습니다.

사람들은 공포와 두려움에 떨고 있습니다.

몰라서 그렇습니다.

그래서 이사야 57장 20-21절은 이렇게 말합니다.

> 그러나 악인은 평온함을 얻지 못하고 그 물이 진흙과 더러운 것을 늘 솟구쳐 내는 요동하는 바다와 같으니라 내 하나님의 말씀에 악인에게는 평강이 없다 하셨느니라(사 57:20-21).

악인은 평온함을 얻지 못한다고 합니다. 그 물이 진흙과 더러운 것을 솟구쳐내는 요동하는 바다와 같다고 합니다. 복음이 없는 사람은 그 속에서 별별 것이 다 일어납니다. 이 생각, 저 생각이 왔다 갔다 합니다. 안 믿는 사람은 그렇습니다. 안 봐도 알 수 있습니다. 하나님이 악인에게는 평강이 없다고 하셨습니다. 비그리스도인에게는 참된 평강이 없습니다. 비그리스도인에게는 안식이 없습니다.

◆ 김하중 전 중국대사의 증언

얼마 전에 제가 김하중 전 대사가 『하나님의 대사』에 썼던 것을 인용을 했는데, 다시 한 번 인용을 하겠습니다.

> 나는 36년간 공무원생활을 하면서 권력이 있거나 명예가 있거나 돈이 있는 사람들을 많이 만났다. 그러면서 그들한테 몇 가지 공통점을 발견할 수가 있

었다. 많은 사람들이 답답하고 불안하고 다음의 초조함이 가득했다. 그리고 자신이 원하는 목표를 빨리 이루려다 보니 남이 잘되는 것을 보지 못했다. 그래서 시기와 질투가 많고 사랑도 여유도 없었다. 여러 가지 방법을 통해 돈이나 명예나 권력을 얻는다 해도 답답하고 불안해서 남을 미워하그 산다고 한다면 세상에서는 그것을 성공이라고 할지 모르지만 축복은 아니다.

인생에 있어서 최고의 행복과 축복은 하나님과의 평안이 있을 때에 가능한 것입니다. 행복의 최고의 조건이 우선 평안한 것입니다.

돈이 아무리 많아도 불안에 떨면 그게 무슨 행복입니까?

연예인들 가운데 우울증으로 자살하는 사람들이 많이 있습니다. 모두 그들 마음 중심에 평안이 없고 미래에 대한 염려와 공포, 불안이 그들을 지배하고 있기 때문입니다. 그러나 유감스럽게도 그리스도인 가운데서도 이런 참된 하나님의 평안, 그리스도의 평안, 샬롬을 누리지 못하고 사는 사람들이 많습니다. 당장 굶어 죽는 것도 아닌데 염려 근심 걱정이 많습니다. 사업이 자기 뜻대로 안 된다고 해서 기도하며 기다리지 못하고 하나님의 인도를 받지 않습니다. 승진이 안 된다고, 또는 자기가 원하는 것이 이루어지지 않는다고 낙심과 불만과 원망 속에 삽니다. 평안이 그들에게 없는 것입니다.

또 그리스도인이라고 하면서도 그 마음속에 탐심이 가득 차 있습니다. 평안이 없습니다. 시기, 질투, 미움, 증오를 갖고 삽니다. 미래에 대한 염려와 공포를 가지고 살기 때문에 평안이 없는 것입니다.

주님은 이 세상에 없는 진정한 평화, 하나님과의 평화를 자기를 믿는 자들에게 주시기 위해서 이 세상에 찾아오셨습니다. 예수님은 하나님의 평안, 곧 자신의 평화를 우리에게 주시기 위해서 비싼 대가를 지불하시고자 하십니다.

예수님은 그 자신의 죽음, 곧 십자가의 피값을 지불

하심으로 인해서 하나님과의 평화, 곧 하나님과의 화해를 이루시고자 하는 것입니다. 창세기 3장의 사건을 이제 해결하시고자 한다는 말입니다. 하나님께서 보내신 하나님의 아들 예수님께서 오셔서 자기 자신을 화목제물로 드리고자 하시는 것입니다. 그래서 우리 주님을 화목제물로 드림으로써 하나님과의 화평을 이루시고, 그 화평의 선물을 우리에게 주시는 것입니다.

◆ 평안을 약속하시는 예수님

오늘 본문을 보면, 예수님은 자신의 별세, 곧 세상을 떠나실 것을 말씀하시므로 염려하는 제자들에게 놀라운 선물, 그리스도의 평안을 약속하고 계십니다.

> 평안을 너희에게 끼치노니 곧 나의 평안을 너희에게 주노라 내가 너희에게 주는 것은 세상이 주는 것과 같지 아니하니라 너희는 마음에 근심하지도 말고 두려워하지도 말라(요 14:27).

여기서 "끼치노니"라는 말은 남겨둔다는 말입니다. '평안을 너희에게 남겨둔다'고 예수님은 말씀하십니다. 그리스도께서 제자들에게 남겨주신 유산은 평안입니다.

"나의 평안이다. 그리스도의 평안이다."

그렇게 말합니다. 주님이 주신 그리스도의 평안은 그 어떤 것들보다 좋은 것입니다. 그리스도께서는 이 불안하고 염려 많고 죄와 사탄과 율법과 세상의 학정 속에 사는 자들에게 진정으로 필요하고 가장 좋은 것을 남겨주신 것입니다.

그리스도께서 주시는 평안이란 어떤 평안입니까?

그것은 하나님의 평안입니다. 하나님과의 평안입니다. 하나님과 원수되어 있는 자들에게 선물로 주시는 하나님의 평안입니다. 하나님의 평안은 동시에 사람들 상호 간의 평화도 가져옵니다. 평강의 근원이 하나님이신데 하나님과 원수되어 있는 우리가 범죄해서 '내가 하나님이다'라고 하니까 평안이 없는 것입니다.

'네가 무슨 하나님이냐! 내가 하나님이다. 그걸 믿어라.'

이렇게 말씀하시는 하나님께 아멘하고 엎드려서 '내가 하나님이 아니라 진짜 하나님이 하나님이십니다'라고 고백하면서 하나님이 보내신 그 아들을 왕으로 모셔야 하나님과의 평화가 이루어집니다. 평강의 왕이 여러분의 마음 중심에 들어오는 것입니다. 평화의 나라가 여러분의 심령속에 임합니다.

물론 그리스도께서는 죄인된 인간들이 하나님 앞에 의롭다 하심을 받고 하나님과 원수된 관계에서 의로운 관계가 되도록 만들기 위해서 엄청난 대가를 지불하십니다. 우리는 그것을 공짜로 받는 것입니다. 여러분이 알다시피 그 대가는 그리스도의 십자가의 대속의 죽음입니다.

예수님이 남겨 주신 평안이라는 것은 그의 십자가 대속의 피로 이룩하신 평안인 것입니다. 죄 많은 우리 인생들은 예수님의 피값으로 하나님께 조사함을 받은 결과로서 우리 마음에 하나님과의 평안을 선물로 받는 것입니다. 그리스도께서는 이것을 '나의 평안'이라고 부르셨습니다. 예수님은 이렇게 말씀합니다.

"평안을 너희에게 끼치노니 곧 나의 평안을 너희에게 주노라."

◆ 그리스도의 평안은 누구에게 주시는가?

그러면 그리스도께서는 자신이 주는 이 평안의 유산을 누구에게 물려주시는가?

물론 그의 제자들입니다. "나의 평안을 너희에게 주노라"고 합니다. 제자들은 장차 고난을 받게 될 것이기 때문에 평안을 필요로 하는 자들이었습니다. 그래서 "나의 평안을 너희에게 주노라"고 제자들에게 말씀을 하신 것입니다.

평안이라는 유산은 그리스도의 사도들에게, 그리고 그들의 후계자들에게 주어질 것입니다. 또한 동시에 각 시대에 있어서 복음을 받은 모든 그리스도인들에게 주어질 것입니다. 그래서 오늘날 우리도 예수님의 피로서 속죄함을 받을 때에 놀라운 그리스도의 평안을 선물로 받고 그 평안을 맛보며 살게 되는 것입니다. 세상에 이 평안보다 더 고귀한 것은 없습니다.

여러분은 이 비밀을 누리고 사십니까?

저는 체질이 약하기 때문에 만일 그리스도의 평안이 내 마음에서 사라지면 당장에 문제가 일어납니다. 저는 당장에 소화부터 잘 되지 않게 됩니다. 일이 손에 잘 안 잡히고, 묵상도 잘 안 됩니다. 대인관계도 껄끄러워지고 마음의 여유와 자유가 없어지며 기쁨도 없어지고 심각한 위기가 옵니다. 우리 주 그리스도께서는 그리스도의 평안이라는 최고의 축복을 그의 제자들에게 유산으로 주셨습니다. 누구든지 예수님의 피만 믿고 의지하면 그리스도의 평안의 축복을 받습니다. 어려울 것이 없습니다.

◆ 예수님이 주시는 평안의 특징

예수님은 자신이 주는 그리스도의 평안의 특징을 이렇게 말합니다.

"내가 너희에게 주는 것은 세상이 주는 것과 같지 아

니하나라."

어떤 평안을 주시겠다는 말입니까?

먼저 예수님께서 주시는 평안은 단순한 인사치레가 아니라 진정한 축복입니다. 세상 사람들은 '평안하십시오'라고 말합니다. 그런 것으로는 안 됩니다. 예수님이 주시는 평안은 세상 사람들의 웃음이 줄 수 없고, 세상 사람들의 찡그린 얼굴이 빼앗아갈 수 없는 그런 성질의 평안입니다.

"내가 너희에게 주는 것은 세상이 주는 것과 같지 아니하나라."

이런 평안을 여러분이 받아야 됩니다. 예수님께서 주시는 것은 세상 사람들이 주는 것과 같이 오직 육신에 유익한 것들로부터 잠시만 존재하는 성질의 선물이 아닙니다. 그리스도께서 주시는 것들은 영혼을 영원토록 풍성하게 하는 것들입니다. 세상은 속이는 헛된 것들을 주어서 우리를 기만합니다. 그러나 그리스도께서는 우리를 결코 실망시키지 않는 실질적인 축복을 주십니다. 세상은 주었다가 빼앗아가지만 주님은 결코 빼앗기지 않는 좋은 것을 주십니다.

1960년대에서 70년대에 정상급 대중가요 가수로 박재란이라는 가수가 있었습니다. 이제 권사님이 되신 이 분의 인터뷰 기사를 얼마 전에 읽었습니다. 엄청난 인기를 얻고 또 큰 희망을 갖고 미국에 이민을 갔습니다. 세상의 유혹을 받아 간 것입니다. 그러나 그것은 착각이었습니다. 엄청난 고생을 하다가 난치성 신경성 위궤양에 걸렸는데 치료가 되지 않았습니다. 엄청 고생을 하게 되었습니다.

그러던 어느 날 TV채널을 돌리다가 하나님의 말씀을 들었습니다. '불치병도 고친다'는 하나님의 말씀을 들었습니다. 그 순간에 가슴속에서 뜨거운 것이 솟구쳐 올랐습니다. 정신을 차려보니까 온 몸이 눈물과 땀으로 흥건히 젖었다고 간증을 했습니다. 그러면서 주님을 부르고 그리스도인이 되었습니다. 그리스도 안에서 평안과 자유를 찾은 것입니다. 이 평안은 절대 빼앗아 가지 못합니다. 기자가 물었습니다.

"권사님, 예수님을 만나지 못했으면 어떻게 되었겠

습니까?"

이런 질문에 다음과 같이 대답했습니다.

"온 몸이 오싹해집니다. 예수님 없는 인생은 공허할 뿐입니다. 세속적인 기쁨을 움켜질수록 허무한 것입니다. 얼마나 많은 스타들이 비극으로 생을 마쳤습니까?"

세상은 그를 속였습니다. 그러나 하나님과 그리스도는 그에게 신실하게 응답을 주셨습니다. 진정한 평안과 자유와 행복을 그에게 주셨습니다. 여러분은 세상의 유혹에 넘어가면 안 됩니다.

'이러면 잘될 것 같다. 이러면 돈 벌 것 같다.'

이런 유혹에 넘어가면 안 됩니다.

그리스도께서 주시는 평안은 세상 철학이나 거짓 종교들이 주는 것과도 같지 않습니다. 그것들은 평안을 준다고 공언하지만 참된 것이 아닙니다. 그것은 양심의 소리를 달래지 못하고 죄를 없애지도 못하며 영혼을 하나님과 화목하게 하지도 못합니다. 오히려 하나님으로부터 도망가게 하는 도피의 평화입니다. 평화는 평화인데 하나님으로부터 도망가는 평화요, 문제를 도피하는 평화입니다. 사건을 직면해서 나가려고 하지 않는 평화입니다.

달라이 라마라는 사람을 여러분도 아실 것입니다. 달라이 라마가 쓴 『행복론』이 십여 년 전에 인기가 많았습니다. 베스트셀러로 많이 팔렸습니다. 그것의 핵심은 무엇이냐. 인간이 집착하기 때문에 평안이 없다고 합니다. 그러니까 집착하지 말고 떠나버리라고 하고, 버려버리라고 합니다. 결국 도피의 평안을 추구하는 것입니다.

그러나 예수님께서 주시는 평안은 문제를 극복하는 평화입니다. 예수님이 주시는 평안은 우리 영혼의 모든 필요를 만족시켜 주시고 양심의 경고를 외부적인 모든 변화에도 불구하고 잠잠하게 만듭니다. 뿐만 아니라 영원한 죽음의 순간까지 계속되는 것이 그리스도의 평안입니다. 그리스도께서 주시는 평안은 세상이 주는 평안과 비교할 수 없이 소중합니다. 세상의 평안은 무지에서 시작되었기 때문에 죄 가운데 머물다가 끝없는 고통으로 끝납니다. 반면에 그리스도의 평안은 십자가의 대속의 은혜에서 시작되어서 어떤 죄와도 동거하지 않으며 마침내 평안으로 끝납니다.

그리스도의 평안은 정말 위대한 것입니다.

"내가 너희에게 주는 것은 세상이 주는 것과 같지 아니하니라."

그리스도의 평안은 세상이 주는 평안과 같지 않습니다. 예수님께서 주시는 평안은 전 인류의 여정의 목표입니다.

여러분 언제 평안합니까?

잠잘 때는 평안하고 좋을 것입니다. 그것이 여러분의 마지막 종착역입니다. 궁극적인 인류 역사가 완성된 상태의 도달입니다. 이 그리스도의 평안을 누리는 것, 곧 성경에 약속된 축복의 본질적인 핵심이 바로 그리스도의 평안입니다. 하나님 나라의 평안입니다. 그리스도의 평안은 인류 역사의 마지막 종착지인 그리스도의 재림 이후에 새 예루살렘에서 누리게 될 축복입니다. 우리는 그리스도의 평안을 그리스도의 왕국이 완성된 새 예루살렘에서 그리스도와 함께 완벽하게 누리며 살 것입니다.

지금은 여러분이 믿음이 있는 것만큼 누립니다. 그러나 그곳에는 완전한 믿음이 있기 때문에 그리스도와 함께 완벽하게 누릴 것입니다. 이미 그리스도께서 십자가의 피로 여러분에게 하나님과의 평화를 이루어주셨기 때문에 예수님의 피를 믿는 모든 신자는 그 평안을 지금 이 세상에서 믿음으로 받아 누리며 살아야 합니다.

> 평안을 너희에게 끼치노니 곧 나의 평안을 너희에게 주노라 내가 너희에게 주는 것은 세상이 주는 것과 같지 아니하니라 너희는 마음에 근심하지도 말고 두려워하지도 말라(요 14:27).

주님의 약속입니다.
"너희는 마음에 근심하지도 말고 두려워하지도 말라."
여러분이 두려워하는 것, 염려와 근심이 있습니까?
"두려워하지 말라."

우리 주님이 말씀하셨습니다.

◆ 그리스도를 알라

주님이 누구십니까?
여러분의 인생의 계획을 가지고 움직이시는 분이 그리스도십니다.
그리스도라는 말을 아십니까?
그리스도를 모르니까 인생들이 방황하고 떠는 것입니다. 예수님의 제자들은 그리스도의 평화를 활용하므로 과거나 현재의 두려움으로 인해 앞으로 어떤 불행한 일이 생기지 않을까 하는 염려를 하지 말라고 경계를 받습니다. 예수님이 하나님의 아들 그리스도라는 언약 속에 들어간 예수님의 제자들은 예수님께서 주시는 평안을 받는 권리가 있는 자들이었습니다.

여러분이 예수님을 하나님의 아들 그리스도로 믿는다면 여러분 또한 당연히 하나님의 평안을 받을 권리가 있습니다. 달라고 하고 충만하게 누릴 권리가 있습니다. 그 곤리를 못 누리는 것이 오히려 우리 하나님을 무시하는 것입니다. 그리스도께서 주시는 평안을 받은 자들은 슬픔이나 두려움에 굴복당하면 안 됩니다. 염려, 근심에 굴복당하면 안 됩니다.

◆ 환난 중에도 기뻐하게 만드는 평안

그리스도께서 주시는 평안은 우리로 환난 중에도 기뻐하게 만드는 평안입니다. 로마서 5장 1절 이하에 보면 이렇게 말합니다.

> 그러므로 우리가 믿음으로 의롭다 하심을 받았으니 우리 주 예수 그리스도로 말미암아 하나님과 화평을 누리자 또한 그로 말미암아 우리가 믿음으로 서 있는 이 은혜에 들어감을 얻었으며 하나님의 영광을 바라고 즐거워하느니라 다만 이뿐 아니라 우리가 환난 중에도 즐거워하나니 이는 환난은 인내를, 인내는 연단을, 연단은 소망을 이루는 줄 앎이

> 로다 소망이 우리를 부끄럽게 하지 아니함은 우리
> 에게 주신 성령으로 말미암아 하나님의 사랑이 우
> 리 마음에 부은 바 됨이니(롬 5:1-5).

예수님의 속죄의 피를 받고 하나님 앞에 의롭다 하심을 받은 그리스도인들은 하나님과 화평을 누리는 자들입니다. 이들은 하나님과의 화평, 그리스도의 평안을 받은 자들이기 때문에 '환난 중에도 즐거워'합니다. 이 말을 의역하면 '환난 때문에 즐거워한다'는 말입니다.

여러분은 환난이 오지 않았으면 좋겠다고 하는데 성경은 환난 때문에 즐거워한다고 합니다. '~에도 불구하고'가 아니라 '그것 때문에'라고 합니다. 믿음이 작은 사람들은 '~에도 불구하고' 하는데, 신앙이 참된 사람은 '그것 때문에' 환난을 즐거워하고 기뻐합니다. 그리스도의 평안을 받은 자에게는 "환난은 인내를, 인내는 연단을, 연단은 소망을 이루는 줄" 알기 때문에 그렇습니다. "소망이 우리를 부끄럽게 하지 아니함은 우리에게 주신 성령으로 말미암아 하나님의 사랑이 우리 마음에 부은 바" 되기 때문입니다.

환난이 없으면 여러분이 하나님의 위대한 사랑을 제대로 알지 못할 것입니다. 여러분이 계속 편안하고 아무 일이 없다면 여러분의 마음은 황폐해져 버립니다.

비가 안 오고 태양이 계속 비추면 어떻게 됩니까?

열왕기상에 보면 3년 6개월 동안 비가 오지 않아서 사막이 되어 버렸습니다. 여러분 안에 환난과 역경이 없으면 여러분의 마음이 황폐해집니다. 그래서 때를 따라서 비도 오는 궂은 날도 있고 좋은 날도 있어야 됩니다. 그게 인생의 법칙입니다.

그러나 그 나라에 가면, 새 하늘과 새 땅에 가면 그때는 눈물도 없고 아픔도 없고 고통도 없을 것입니다. 지금은 여러분 안에 죄가 있고 우리 안에 죄가 있기 때문에 그것이 필요합니다.

그래서 그리스도의 십자가를 통해서 부어진 하나님의 사랑과 평안은 아무도 빼앗을 자가 없습니다. 이것이 세상이 주는 평안과 다른 점입니다. 도리어 세상이 두려움과 공포나 염려, 근심으로 달려들지라도 그리스도의 평안을 깰 수가 없습니다. 그리스도께서 그러한 모든 현장을 장악하고 계시기 때문입니다. 예수님이 그리스도이기 때문입니다.

여러분에게 오는 환난과 역경을 누가 주관하고 계시느냐?

주님이 주관하고 계십니다. 모두 주님의 수중에 있습니다. 그 그리스도의 평안의 선물이 여러분에게 주어지면 여러분의 마음과 생각을 지켜주시는 것입니다.

빌립보서 4장 7절을 보십시오.

> 그리하면 모든 지각에 뛰어난 하나님의 평강이 그리스도 예수 안에서 너희 마음과 생각을 지키시리라
> (빌 4:7).

여러분이 지키려고 애쓸 필요가 없습니다. 참되게 그리스도의 평안이 여러분에게 임하면 그 평안이 여러분을 주장하고 다스립니다. 바깥에서는 비바람이 몰아치는데 여러분이 방 안에 들어와 있으면 그 안은 평안

합니다. 바깥에서는 폭풍이 불지라도 그렇습니다.

"모든 지각에 뛰어난 하나님의 평강이 그리스도 예수 안에서 여러분의 마음과 생각을 지키실 것이다."

놀라운 약속입니다. 주어진 환경과 관계없습니다. 세상 사람들은 모두 환경에 춤추고 놀아납니다. 좋으면 깔깔깔 웃고 나쁘면 낙심하고 좌절합니다. 어떤 역경이나 환경이라 할지라도 하나님과 그리스도께서 주시는 평안은 빼앗을 자가 없습니다.

◆ 스패포드의 평안

오늘 예배 중에 찬송가 413장 "내 평생에 가는 길"을 불렀습니다. 이 이야기까지 하고 마치겠습니다. 이 찬송은 미국인 스패포드(Horatio G. Spafford)가 가사를 쓴 찬송가입니다. 그의 네 아들과 아내가 뉴욕에서 영국으로 항해하는 중에 배의 충돌사고로 배가 침몰해서 네 자녀는 죽고 아내만 구조가 되었습니다.

스패포드가 내용의 전보를 자기 부인으로부터 받았

습니다. 그래서 급히 영국행 여객선에 올라 그의 아내를 만나러 가는 중이었습니다. 가는 도중에 그가 탄 여객선의 선장이 그를 불러서 "우리는 지금 당신의 자녀들이 타고 있던 배가 침몰한 지점을 통과하고 있습니다"라고 전했습니다.

검푸른 파도가 출렁이는 그 비극적인 현장을 목도하면서 스패포드는 펜을 들어 한 편의 시를 썼습니다. 찬송가 "내 평생에 가는 길"이 탄생하는 순간이었습니다.

> 내 평생에 가는 길 순탄하여 늘 잔잔한 강 같든지
> 큰 풍파로 무섭고 어렵든지 나의 영혼은 늘 편하다.
> 내 영혼 평안해. 내 영혼, 내 영혼 평안해.

누가 이 평안을 주셨습니까?

그리스도께서 주셨습니다. 아무도 하나님께서 그리스도 예수 안에서 주시는 평안을 빼앗을 자가 없습니다.

예수님은 그리스도시요 살아계신 하나님의 아들입니다. 참되게 믿기를 바랍니다. 여러분을 위해서 여러분을 대신해서 십자가에서 피 흘려 죽으셨습니다. 이 피값으로 여러분을 사셨기 때문에 여러분이 이 피를 믿기만 하면 하나님과 완전한 평화를 누리고 하나님의 평안이 여러분 안에 심어집니다.

예수님의 피를 믿으시기를 바랍니다.

그러면 하나님의 평안이 이 피를 믿는 여러분의 마음과 생각을 지켜주실 것입니다. 뿐만 아니라 여러분의 인생길을 인도하여 주십니다. 그리스도 안에 모든 것이 다 있다는 것을 여러분은 여러 번 들으셨을 것입니다. 여러분의 미래를 염려, 걱정할 필요가 없습니다. 여러분의 미래도 그리스도 안에 들어있습니다. 주님의 수중에 달려 있습니다.

그러므로 여러분은 예수님을 그리스도로 믿는 신앙을 온전히 회복하고 이 신앙이 여러분 안에 깊이 뿌리 내리도록 성령 충만을 받을 것입니다. 성령 안에서 의와 평강의 하나님의 나라가 심령 천국으로 임하기를 주님의 이름으로 축원합니다.

기도하겠습니다. 여러분이 예수님을 그리스도로 믿으면 구할 권리가 있습니다. 염려, 근심을 모두 주께 맡기시기를 바랍니다. 주께서 돌보아 주십니다. 염려, 근심은 하나님께 대한 불신앙이고 죄입니다. 즉시 기도하시기 바랍니다.

살아계신 아버지 하나님!

하나님의 은혜를 감사합니다. 세상에서 가장 귀한 하나님의 평안, 그리스도의 평안을 주심을 감사합니다. 그리스도께서 주시는 이 평안은 세상이 주는 것 같지 않고 어떤 위기 앞에서도 요지부동한 하나님 나라의 평안인 것을 믿습니다.

세상은 이 평안이 없어 염려, 근심, 걱정, 불안에 떨고 우울증으로 무너집니다. 아버지 하나님. 아무 공로 없는 우리에게 오직 예수 그리스도를 믿는 믿음 때문에 세상이 알지 못하는 평안을 주심을 감사합니다. 실낙원의 세상에서 예수 그리스도로 말미암아 평강의 왕국을 우리 심령에 이루게 해 주심을 감사합니다.

우리 평생에 가는 길에 평강의 그리스도께서 함께 하셔서 세상이 알지 못하는 요지부동의 평안을 누리며 살게 하여 주시고, 이런 평안이 없어 무너지는 세상에 이 그리스도의 평안을 증거하며 성령의 권능을 받아 하나님과 이웃 사랑의 전도자로 살게 하여 주옵소서.

예수님의 이름으로 기도하옵나이다. 아멘.

그리스도가 주시는 평안의 복음
The Gospel of Peace Christ Gives; My Peace I Give You

"나의 평안을 너희에게 주노라 내가 너희에게 주는 것은
세상이 주는 것과 같지 아니하니라"(요 14:27).

3. 내 안에서 평안을 누리라

- 세상이 알지 못하는 평안을 누리며 살라

> [31] 예수께서 대답하시되 이제는 너희가 믿느냐 [32] 보라 너희가 다 각각 제 곳으로 흩어지고 나를 혼자 둘 때가 오나니 벌써 왔도다 그러나 내가 혼자 있는 것이 아니라 아버지께서 나와 함께 계시느니라 [33] 이것을 너희에게 이르는 것은 너희로 내 안에서 평안을 누리게 하려 함이라 세상에서는 너희가 환난을 당하나 담대하라 내가 세상을 이기었노라(요 16:31-33, 개역개정).

예수님은 그리스도시요 살아계신 하나님의 아들입니다. 예수님이 하나님의 아들 그리스도라는 증거로 십자가에서 우리 죄를 대신해서 피 흘려 죽으시고 죽은 자들 가운데서 부활하셨습니다. 이 예수님이 하나님의 아들, 예수님이 그리스도, 예수님이 내 죄를 대신해서 십자가에서 피 흘려 죽으시고 죽은 자들 가운데서 부활하신 복음으로 우리 인생 모든 문제가 처리되고 해답을 얻습니다. 이 하나님의 아들 예수 그리스도 복음, 그리스도 십자가 대속의 피의 복음으로 깊이 뿌리를 내리기를 기원합니다.

여러분에게 문제가 많이 있을 것입니다. 저는 서두에서 결론을 먼저 얘기하는데, 여러분은 무슨 문제든지 예수 그리스도의 이름으로 기도하면 하나님께서 여러분의 기도에 응답해 주신다는 것을 믿어야할 것입니다. 여러분이 복음으로 깊이 뿌리를 내릴 때 여러분은 비록 세상에 소속되어 산다 할지라도 그리스도 안에 있는 자가 되고, 그리스도와 연합한 자가 되며, 그 결과 그리스도 안에서 평안을 누리며 살게 됩니다. 이때 세상이 알지 못하는 평안을 누리며 살게 됩니다. 세상에서는 비록 환난을 당하지만 그리스도 안에 있기 때문에 평안을 누리게 됩니다.

예수님을 그리스도로 믿고 예수님을 마음 중심에 영접하며 그리스도 안에 사는 그리스도인은 이중적 신분을 가진 자입니다. 세상에 사는 자들은 세상에서 세상 나라의 시민으로 신분을 갖고 삽니다. 여러분은 그리스도 왕국의 천국시민임과 동시에 이 세상에서도 살고 있기 때문에 세상시민으로서의 신분도 갖고 있습니다. 그러므로 신자들은 그리스도의 왕국의 시민이면서 동시에 세상나라의 시민이라는 이중적 신분으로 살아갑니다.

◆ 이중적 신분을 가진 그리스도인에게 주어진 명령은 평안

이중적 신분을 가진 그리스도인은 이 세상 시민이지만 세상을 의지하지도 말고 두려워하지도 말고 세상의 각종 압력에 굴하지 말 것을 명령받습니다. 그리스도 왕국의 시민답게 그리스도 안에 거하면서, 그리스도와 연합함으로 예수님의 평안을 얻고 살라고 명령받습니다.

그러므로 그리스도인인 신자는 예수님과 연합하면

평안이 있을 것이지만 세상은 환난과 고난으로 절대적인 압력을 가중시키려고 합니다. 여러분은 세상의 압력이 온다고 할지라도 거기에 굴하지 말고 그리스도 안에서 평안을 누리며 살아야 합니다. 도리어 그리스도께서 세상을 정복하셨기 때문에 여러분도 그리스도의 능력으로 세상을 정복하고 살 것입니다.

이 메시지가 좀 어려운 것 같다고 생각할지 모르겠습니다. 예를 하나 들겠습니다. 우리 전도사님이 금요 철야 기도회에서 간증한 바가 있습니다. 전도사님이 다니는 회사는 문제투성이고 눈물 나는 문제가 많았습니다. 그리스도 안에 있지 않으면, 다시 말하면 예수님을 그리스도로 믿는 믿음으로 살지 않으면 생존하기가 불가능한 환경이었습니다. 끊임없이 기도하지 않으면 생존이 불가능한 환경이었습니다. 저는 우리 전도사님이 처한 환경을 십분 이해합니다. 그 회사 환경이 말하자면 세상인 것입니다. 그리스도인 신자에게 절대적인 압력을 가중시키는 전형인 것입니다.

◆ 오직 믿음, 오직 기도

그런 환경에서 어떻게 그리스도인은 승리하는가? 어떻게 평안을 누리며 세상을 이길 수 있는가?

오직 믿음입니다. 오직 기도입니다. 오직 그리스도 안에 거하며 그리스도와 연합해야 합니다. 그리스도와의 연합에서 오는 평안을 누리는 삶, 성령 충만 받아서 성령의 권능으로 평안을 누리는 삶을 살아야 합니다. 의와 평강과 희락의 하나님의 나라를 삶 속에 누리면서 살아가는 것입니다. 그것을 심령 속에 누리고, 성령의 권능으로 주어지는 담대함을 가지고 살아야 합니다.

세상에서 오는 환난 가운데서도 담대하게 예수 그리스도를 믿는 믿음으로 승리하는 것입니다. 복음의 능력으로 승리합니다. 성령의 권능으로 승리합니다. 기도로 승리합니다. 하나님은 전도사님으로 하여금 그런 세상에서 끝까지 기도하고 인내하면서 승리하게 하셨습니다. 그리고 새로운 보직으로 옮겨서 비전의 삶을 살게 하시고 있습니다.

복음을 받은 신자는 그리스도 안에서 평안을 누리며 살되, 이미 승리하신 그리스도를 뒤따라가면서 주님이 주신 평안의 전리품을 나누어 받아 누리며 살아가는 자입니다. 예수님은 그가 이 세상을 떠나시기 직전에 염려와 두려움 속에 살고 있는 제자들에게 마지막으로 위로해 줄 약속의 말씀을 주셨습니다. 그것은 당시의 제자들뿐만 아니라 오늘날 예수님을 그리스도로 믿고 따르는 모든 예수 제자들에게도 똑같이 필요한 위로를 주시는 약속의 말씀입니다.

그 위로의 약속의 말씀은 무엇인가?

예수님이 제자들에게 한 설교에서 마지막으로 주신 그 메시지가 무엇인가?

그리스도께서는 제자들이 세상에서 어떤 환난을 만나더라도 예수님께서 세상을 이기셨기 때문에 제자들은 그리스도 안에서 평안을 누리게 될 것이라고 약속했습니다. 그러면서 그것으로 위로를 했습니다.

오늘 본문 요한복음 16장 33절을 보기를 바랍니다. 이것이 다락방 설교의 마지막 부분입니다. 이 설교를 마치면서 기도하시고 사탄과 싸우러 겟세마네 동산으로 들어가시는 것입니다. 십자가에 못 박히러 들어가시는 것입니다. 요한복음 16장 33절입니다.

> 이것을 너희에게 이르는 것은 너희로 내 안에서 평안을 누리게 하려 함이라 세상에서는 너희가 환난을 당하나 담대하라 내가 세상을 이기었노라 (요 16:33).

◆ 예수님 고별 설교의 목적은 제자들의 평안

앞서 말씀드린 대로 예수님이 제자들에게 마지막으로 제자들을 떠나는 고별 설교를 하신 목적이 있었습니다.
그것이 무엇이냐?
제자들로 평안을 누리게 하려 함이었습니다. 예수님은 제자들에게 외적으로 어떤 환난이나 어려움을 겪는다 해도 내적으로는 평안을 누리기를 바라셨습니다. 그리고 그 제자들이 내적으로 누릴 평안은 그리스도 안에 있는 평안이요, 곧 그리스도께서 주시는 평안이요, 그리스도를 믿는 믿음으로 오는 평안이었습니다. 그리스도의 평안만이 유일하게 참된 평안이며 그리스도 안에서만 신자들은 이 참된 평안을 갖습니다. 왜냐하면 예수님은 우리의 평강으로 오신 분이기 때문입니다. 평강은 오직 하나님께로부터 나오는 것입니다.

세상 사람들에게는 참된 평안이 없습니다. 안식이 없습니다. 성경이 그렇게 말합니다.

> 그러나 악인은 평온함을 얻지 못하고 그 물이 진흙과 더러운 것을 늘 솟구쳐 내는 요동하는 바다와 같으니라 내 하나님의 말씀에 악인에게는 평강이 없다 하셨느니라(사 57:20-21).

그리스도 안에 없는 사람에게 어떻게 평안이 있겠습니까?

하나님께 범죄한 인간은 하나님과 불화의 관계에 있습니다. 원수관계가 되어 평화가 깨졌습니다. 한 가정에서도 아버지와 아들 사이에 불화가 생기면 평안이 없습니다. 남편과 아내 사이에 관계가 좋지 않아도 평안이 없습니다.

하물며 창조주 하나님과 불화관계에 있는데 인간이 어떻게 평안을 누리겠습니까?

인간이 하나님께 반역하고 원수관계가 되었습니다. 그런데 하나님은 그 아들을 그리스도로 이 세상에 보내서서 속죄의 희생으로 말미암아 하나님의 진노를 누그러뜨리고 우리와 화평을 이루게 하셨습니다. 평강의 왕으로 이 땅에 보내신 것입니다.

그래서 하나님과 인간 사이의 평화가 예수 그리스도로 말미암아 이루어지게 되었습니다. 모든 인간은 예수 그리스도로 말미암아서만 하나님과 화평을 누리게 되고 그 결과 그리스도 안에서 우리는 우리 자신의 마음과 양심 속에 평안을 얻게 되는 것입니다. 여러분은 양심의 평안을 누려야 됩니다.

그리스도 안에는 하나님의 평안이 있기 때문이고 세상은 이러한 하나님의 평안이 없습니다.

여러분, 세상에 평안이 있고 태평성대가 있다는 말을 들어본 적이 있습니까?

부자나라 미국에 평안이 있습니까?

이스라엘에 평안이 있습니까?

없습니다.

우리 대한민국에 평안이 있습니까?

서울에 평안이 있습니까?

여러분의 가정에 평안이 있습니까?

성공해도 평안은 없습니다. 돈을 많이 벌어도 평안은 없습니다. 명예를 가져도 평안은 없습니다. 권세를 가져도 평안은 없습니다. 쾌락을 누려도 평안은 없습니다.

육체적 쾌락을 추구한 후에는 평안이 있느냐?

도리어 허무가 찾아옵니다. 그 어디에도 진정한 평안, 하나님이 주시는 그 평안이 없습니다. 오직 그리스도 안에만 하나님의 평안이 있습니다.

◆ 기독실업인에게 필요한 것도 그리스도의 평안

「국민일브」 미션라이프에 제 인터뷰 기사가 나갔습니다. 그것을 본 한국 기독실업인회 회장에게서 전화가 왔습니다. 강사로 와서 말씀 좀 전해달라는 것이었습니다. 그때 기독실업인회 회장은 이렇게 말했습니다.

> 기업하기가 너무 힘듭니다. 20년간 기업을 해오면서 부도도 많이 닺았습니다. 그만 두고 정리하겠다는 생각도 들고 다른 사업을 하라는 것인지 고심도 했습니다. 저뿐만 아니라 우리 기독실업인회 회원들 모두 똑같습니다. 너무 힘들기 때문에 이제 방법이 없어서 하나님께 매달립니다. 기업이 너무 힘이 듭니다.

기업이 너무 힘들다는 것이 결론이었습니다. 그래서 자기들에게 와서 위로의 메시지를 전해갈라는 것이었습니다. 그래서 저는 "그때 가서 얘기하십시오. 그때 가서 기도해서 결정하겠습니다"라고 말했습니다. 저는 예수 그리스도 복음이 그들의 인생 문제의 해답이라는 것을 증거하려고 합니다.

"그리스도 안에 모든 것이 다 있다. 염려 근심할 것 없다. 그리스도의 수중에 여러분의 인생이 달려 있다. 여러분의 미래가 달려 있고, 여러분의 기업이 있고, 여러분의 가정이 있다. 그리스도가 전부다."

이것이 제가 전하려는 메시지입니다. 복음으로 진짜 답이 나와야한다는 말입니다.

우리는 돈 많은 부자들이 평안할 것으로 생각하는데 천만의 말씀입니다. 기독실업인회에 모인 사람들은 그 나름대로 CEO들입니다. 크든 작든 CEO들이 이렇게 고민을 하고 있는 것입니다. 권력을 가진 사람들도 평안이 없습니다.

여러분! 정치가들이 평안이 있다고 생각합니까?

오히려 더 없습니다.

그러면 인기를 끌고 있는 연예인들은 평안이 있을

것 같습니까?

그 사람들은 더욱 평안이 없습니다. 그들은 인기에 목을 걸고 살고 있기 때문에 올라갔다 내려갔다 출렁출렁 거립니다.

◆ 누구에게 평안이 있는가?

그러면 누구에게 평안이 있는가?
충성교회 여러분에게 평안이 있습니다.
왜 그렇습니까?
여러분 모두가 그리스도 안에 있는 분들이기 때문입니다. 충성교회 신자들 가운데 그리스도 안에 있는 평안, 하나님의 평안을 누리며 살지 못하는 자가 있다면 충성교회 이방인입니다. 복음을 받은 그리스도인은 그리스도 안에 있는 자이기 때문에 그리스도 안에 있는 평안을 당연히 누리게 되어 있습니다.

충성교회 이방인들은 빨리 회개하고 그리스도 안에 들어와야 합니다. 예수님이 그리스도이심을 참되게 믿고 그리스도를 마음 중심에 영접을 해서 그리스도가 여러분 안에, 여러분이 그리스도 안에 거하시는 영적인 신비를 맛보고 살기를 바랍니다.

등잔 밑이 어둡다고 우리 교회 중직들이 과연 그리스도 안에 있는 이 평안을 누리며 살고 있는가?

제가 생각을 하면서 기도하고 있습니다. 우리 교회의 중고등부 학생들 가운데도 그리스도 안에 있는 평안을 참되게 누리며 사는 자들이 많다는 것을 여러분들이 기억을 해야 할 것입니다. 우리 예수님은 여러분 모두가 그리스도 안에서 그의 평안을 누리며 살기를 원하십니다. 오늘 본문을 다시 보겠습니다.

> 이것을 너희에게 이르는 것은 너희로 내 안에서 평안을 누리게 하려 함이라(요 16:33).

예수님은 십자가에 못 박혀 죽으시려고 제자들을 떠나기 직전에 하신 마지막 고별 설교의 결론에서 이 말씀을 하심은 제자들로 평안을 누리게 하려 함이었습니다.

3. 내 안에서 평안을 누리라

그러면 예수님은 왜 제자들에게 고별 설교의 맨 마지막으로 그리스도 안에 있는 평안을 말씀하셨을까요?

그것은 제자들이 세상에서 받게 될 환난 때문이었습니다. 예수님은 제자들에게 "이것을 너희에게 이르는 것은 너희로 내 안에서 평안을 누리게 하려 함이라 세상에서는 너희가 환난을 당하나 담대하라 내가 세상을 이기었노라"고 말씀하셨습니다. 예수님과 마찬가지로 제자들도 세상에서 환난에 직면하게 되어 있음을 말씀하신 것입니다.

"너희는 오적인 평안은 누리지 못할 것이다. 또한 결코 기대도 할 수 없다."

제자들은 세상에 평안을 전파하고 사람들에게 은혜를 선포하도록 보내심을 받았지만 이 세상에서 사람들로부터 핍박받을 것을 예상해야 한다는 것입니다.

여러분은 핍박받지도 않고 욕을 먹지도 않지요?

그리스도의 제자입니까?

어떻게 살았습니까?

세상과 똑같이 살면 안 됩니다.

◆ 세상에서 고난은 제자들의 운명이다

　세상에서 어느 정도의 고난을 당하는 것이 예수 제자들의 운명인 것을 명심해야 합니다. 그리스도의 제자들은 의롭고 선하게 살면서 악한 세상을 정죄합니다. 세상을 최고로 아는 사람한테 "세상은 멸망 받을 것이다"라고 하면 기분이 나쁘게 되어 있습니다. 그렇기 때문에 박해를 당하는 것입니다.

　한편 하나님께서는 예수 제자들이 더 선하게 되어야 하기 때문에 그들을 징계하고 교정하십니다. 하나님은 매로 때려서라도 자기 백성들이 세상과 다르게 살게 하십니다. 세상에서는 핍박이 있고 하나님은 매로 때리십니다.

　세상 사람들은 제자들을 이 땅에서 끊어버리고자 하고, 하나님은 환난이나 고통을 통해서 제자들을 천국에 적합한 자들로 만드시고자 합니다. 신자의 마음을 하나님과 그리스도가 계신 하늘로 향하게 하기 위함입니다. 이런 환난과 역경이 없으면 언제든지 세상 가운데서 '재미있는 것 없나?' 하며 찾게 됩니다. 그러나 환난이 오면 눈이 오직 그리스도, 오직 하나님 나라로만 향하게 됩니다. 그러므로 세상에서도, 하나님으로부터도 제자들은 환난을 당합니다. 이것이 제자들의 운명입니다. 여러분들의 운명입니다.

"나에게는 환난이 없는데?"

그렇다면 자기를 돌아봐야 합니다.

"복음과 함께 핍박을 받으라."

디모데후서 1장 8절에서 말씀하셨습니다. 어떤 신자들은 예수님을 잘 믿는데 왜 환난이 오냐고 합니다. 오늘 본문이 그 답입니다.

오늘 본문 말씀을 보면서 신자는 세상에서 당연히 환난에 직면한다는 사실을 기억해야 합니다. 진짜 복음을 받은 신자라면 이 세상에 사는 동안 다소 간에 환난을 당하는 것이 운명이라는 것을 알아야 합니다.

그래서 예수님의 오늘 말씀을 이해한 사도들은 그리스도의 제자들에게 "우리가 환난 중에도 즐거워하나니"라고 했습니다. 로마서 5장 3절입니다. 환난 때문에 기뻐하라고 합니다.

> 너희가 여러 가지 시험을 당하거든 온전히 기쁘게 여기라(약 1:2).

감옥에 갇혀 있던 사도 바울도 기뻐하라고 말했습니다.

> 주 안에서 항상 기뻐하라 내가 다시 말하노니 기뻐하라(빌 4:4).

삼중복음화 예수 제자의 현장에 계신 우리 집사님 한 분이 과거에 서울에서 근무할 때 그 상사의 박해로 고난이 많았습니다. 이때 가족 되신 집사님이 그 집사님에게 "인내를 온전히 이루시오"라고 성경적 위로로 답을 주셨습니다. 그리고 그 집사님은 승리했습니다. 두 분이 참 믿음의 부부입니다. 이런 믿음의 가정을 가진 분은 실로 천만금을 가진 행복자인 것입니다.

◆ 환난을 당하나 담대하라

　물론 위로자이신 예수님은 제자들에게 세상에서 받을 환난만을 말씀하지 않으셨습니다. 예수님은 곧 이어서 제자들에게 격려의 말씀을 주십니다. 그들에게 주신 격려의 말씀은 "담대하라"는 것입니다. "너희가 환난을 당하나 담대하라"고 하였습니다. 예수님이 "내 안에서 평안을 누리는 위로를 받으라. 그뿐만 아니라 담대하라. 용기를 내라"고 말씀하시는 것입니다.

　이 세상에서 환난 가운데서도 용기를 잃지 않고 담대하고, 아무리 절박한 상황 속에서도 하나님과 그리스도를 기뻐하며, 어떠한 위험이 닥치더라도 하나님과 그리스도를 소망하는 것이 그리스도 제자의 의무요 관심이라는 사실을 제자들은 명심해야 합니다. 이 세상의 변동된 상황에 따라 왔다갔다 하다 보면 실제로 슬픈 일이 많이 있겠지만, 예수님의 제자들은 환난 가운데서도 환난 때문에 도리어 즐거워하고 항상 기뻐해야 하는 것입니다.

우리 교회 권사님 한 분이 안면근육마비로 왼쪽 눈 부위와 입술에 고통이 있었습니다. 입술이 불편함에도 불구하고 제가 전화를 했습니다.

"권사님! 감사하시면서 그 부분을 붙들고 24시간 기도 속에 사십시오."

무정한 것 같지만 이런 권고를 받을 수 있는 믿음의 권사님이시기 때문에 그렇게 말했습니다. 신앙이란 생각하는 것입니다. 생각이 신앙의 본질입니다.

"예수님이 그리스도다. 그분 수중에 내 인생의 모든 문제가 들어있다."

그분이 여러분 인생 문제의 해결자이신 그리스도임을 믿고, 그분의 주권에 맡기고, 그분의 수중에 여러분의 인생 문제를 의뢰하는 것입니다. 우리에게 닥친 환난이나 고난도 그리스도의 수중에서 결정된다는 사실을 생각할 때 우리는 담대할 수 있습니다. 우리 주 그리스도께서 우리에게 "담대하라. 용기를 내라. 용기만 낸다면 너희에게 모든 것이 잘 될 것이다"라고 말씀하셨기 때문에 더욱 용기백배해서 용기를 내는 것입니다.

여러분 가운데 해결하기 어려운 난제라든가 세상의 환난에 직면한 사람이 있습니까?

두려워하지 마십시오. 오늘 본문에서 주님은 말씀하십니다.

"담대하라."

예수님의 이 언약을 붙들고 기도하면서 용기를 내기 바랍니다. 여러분이 용기만 낸다면 모든 것이 잘 될 것입니다. 세상 두려워할 것 없습니다. 세상은 허장성세한 존재입니다. 그리스도께서 통치하십니다. 그러므로 여러분은 담대하십시오.

◆ 세상을 이기신 예수님

예수님은 이렇게 격려할 수 있는 충분한 근거를 가진 분이었습니다. 세상 사람들은 적극적 사크로 "할 수 있다"고 합니다. 아무 근거도 없이 그저 "할 수 있다"고 말합니다. 그러나 우리 주님은 "담대하라"는 근거를 주셨습니다. 그 근거가 "내가 세상을 이기었노라"는 말씀입니다.

본문을 다시 읽어보겠습니다.

"세상에서는 너희가 환난을 당하나 담대하라 내가 세상을 이기었노라."

이 그리스도의 승리는 사실은 모든 그리스도인의 승리입니다.

왜 세상을 이기셨습니까?

우리로 하여금 세상을 이기도록 하기 위해서 주님이 우리 대신 세상을 정복하신 것입니다. 이 세상 임금 사탄을 이기고 그의 무장을 해제시켰으며 그를 쫓아버렸습니다. 그리고 지금도 그리스도께서는 사탄, 곧 이 세상 임금을 그분의 발아래 밟고 계십니다.

또한 우리 주님께서는 많은 사람들을 복음신앙으로 돌아오게 해서 그의 복음에 순종하게 하심으로써 그의 자녀로 삼으십니다. 여러분이 복음을 전하면 세상 사람들이 세상 속에 있다가 복음 속으로 들어옵니다. 이것이 세상을 이기는 결정적인 증거입니다.

우리 주님은 자신을 그리스도로 믿는 그의 자녀들이

당연히 세상의 신 사탄의 자녀들을 이기게 하십니다.

　세상 사람들의 신분이 무엇입니까?

　마귀의 자녀입니다. 사탄의 자녀입니다.

　여러분의 신분은 무엇입니까?

　하나님의 자녀입니다.

　둘이 싸우면 누가 이기겠습니까?

　당연히 하나님의 자녀가 이기게 되어 있습니다. 물론 이기는 방법은 다릅니다. 세상 사람들은 혈기로 이기려고 하는데, 여러분은 십자가로 이깁니다. 기도로 이깁니다. 여러분이 죽으면서 이깁니다. 죽는 것이 승리하는 것입니다. 여러분은 세상을 두려워할 이유가 없습니다. 주님의 약속입니다.

　"담대하라 내가 세상을 이기었노라."

　우리 주님께서 세상을 십자가의 대속의 죽음으로 정복하고 이기셨습니다. 분명한 근거가 되는 말씀입니다.

　"담대하라. 내가 세상을 이기었노라."

　그래서 예수님은 제자들을 온 세상에 복음을 전하도록 보내실 때에 이렇게 말씀하신 것입니다.

"담대하라. 내가 세상을 이기었노라. 그러므로 너희도 이기게 될 것이다. 비록 너희가 세상에서 환난을 당할지라도 너희는 우월하게 돼서 세상을 이기게 될 것이다."

이런 의미입니다.

◆ 그리스도께서 세상을 통치하신다

이 말씀을 하신 분이 어디 계시느냐?

부활 승천하신 후에 하나님 보좌 우편에 앉으셔서 그리스도로 통치하고 계십니다. 그분이 "담대하라 내가 세상을 이기었노라"는 메시지를 가지고 세상을 이기라고 말씀하시는 것입니다. 그분이 말씀만 하시고 다른 곳에 가버리셨다면 이 말씀을 믿기 어려웠을 텐데, 그분은 지금도 통치를 하고 계십니다. 걱정할 것이 하나도 없습니다.

다만 예수님께서 이기신 방법이 예수님이 천군만마와 같은 수많은 병력을 가지고 가서 예루살렘을 정복한 것이 아니라 도리어 자기의 죽음으로 죽음의 세력을 잡은 자들을 정복하는 것이었습니다. 예수님은 고난과 죽음을 가지고 세상 세력, 사탄을 정복했습니다. 십자가와 십자가의 수치를 기꺼이 받으시면서 그것으로 세상을 정복했습니다. 그러므로 여러분도 그렇게 해야 됩니다. 우리 주님은 세상의 영광에는 아무런 아름다운 것이 없음을 알고 도리어 그것을 버리고 승리하셨습니다.

사탄은 "내가 세상 영광을 줄 테니까 이것을 받아라. 그리고 나를 경배하라"고 합니다. 그러나 주님은 "사탄아 물러가라"고 하며 쫓아냈습니다. 세상 영광을 우리 주님처럼 완벽하게 거절하신 분이 없습니다. 그리고 그것을 십자가에 못 박아버린 것입니다.

그러므로 여러분은 세상을 철저하게 정복하신 그분을 믿으면서 그분의 은혜 속에 들어갈 것입니다. 세상 영광은 허무한 것입니다. 그것은 이미 그리스도로 말미암아 십자가에 못 박혔습니다. 우리 주님이 나를 대신해서 십자가에 못 박혔기 때문에 그 그리스도로 말미암아 세상도 나에 대해서 십자가에 못 박혀 죽은 것입니다. 그런데 그것을 모르고 신자들이 세상을 좋아하고 부귀영화를 쫓아다닌다면 정말 어리석은 것입니다.

"세상을 이기었노라."

우리 구원의 대장 예수님의 말씀입니다.

여러분들은 이 그리스도의 승리에 참여하면서 걸어가는 것입니다. 우리가 승리하신 분을 따라가면 승리자 그리스도께서 승리하신 전리품을 얻으며 살게 됩니다. 그 전리품 중에서 최고의 전리품이 그리스도의 평안입니다. 평안을 누리고 살면서 주님이 천군천사를 통해서 앞서가시면 우리에게 주신 은혜대로 따라가면 되는 것입니다. 믿음으로 가는 것입니다. 끊임없이 기도하면서 가는 것입니다.

우리 주님께서 여러분에게 하신 말씀을 잘 기억하시기 바랍니다.

"세상에서는 너희가 환난을 당하나 담대하라 내가 세상을 이기었노라."

우리 주님께서 그리스도의 직함을 가지고 승리하셨

기 때문에 여러분이 예수님을 그리스도로 믿고 영접해서 그분과 연합하면 그분의 승리가 여러분의 승리가 됩니다. 예수 그리스도로 말미암아 여러분이 승리할 것을 약속하셨으므로 여러분이 오늘 주신 "담대하라 내가 세상을 이기었노라"는 말씀과 "그리스도 안에서 이 평안을 누리라"는 말씀을 굳게 잡으면 그리스도께서 주신 평안을 누리면서 날마다 승리할 것입니다. 무엇보다도 성령 충만을 받아서 성령 안에서 의와 평강과 희락의 하나님 나라가 임하는 삶을 살기를 주의 이름으로 축원합니다.

그리스도께서 하나님 나라의 왕이시기 대문에 왕을 모신 곳에 하나님 나라가 임합니다. 여러분이 예수님을 하나님의 아들로 믿고 영접하면 여러분 안에 하나님의 나라가 임합니다. 이것이 충만히 임하는 것이 성령의 충만입니다. 여러분은 이 성령의 충만을 구하고, 담대한 믿음을 갖고 세상에 나갈 것입니다. 기도하겠습니다.

살아계신 아버지 하나님!

하나님 은혜를 감사합니다.

오늘 우리 모든 성도들이 오늘 주신 "담대하라 내가 세상을 이기었노라"고 말씀하신 주님이 하늘 보좌 우편에서 하늘과 땅의 모든 권세를 가지고 다스리심을 믿게 하옵소서.

오늘도 예수 그리스도로 말미암아 성령의 충만을 받고 권능의 충만을 얻어서 이 권능을 가지고 세상을 이겨나가기를 기도합니다.

내 눈도 바꾸어버리고, 세상 영광, 부귀영화에 현혹되지 말고, 그것은 이미 십자가에 못 박아 죽었습니다.

주님이 주신 평안을 가지고 오히려 환난을 당하고 고난을 당하며 무엇인지도 모르고 천방지축으로 뛰는 무리들을 사랑하며 섬기며 그들을 위로하는 위로자로서 한 주의 삶을 살도록 저들에게 성령의 권능과 은혜로 충만하게 부어주시옵소서.

예수님의 이름으로 기도하옵나이다. 아멘.

그리스도가 주시는 평안의 복음
The Gospel of Peace Christ Gives; My Peace I Give You

"나의 평안을 너희에게 주노라 내가 너희에게 주는 것은 세상이 주는 것과 같지 아니하니라"(요 14:27).

4. 수고하고 무거운 짐을 진 자

- 죄악 문제가 해결될 때 안식에 들어간다

> [28] 수고하고 무거운 짐 진 자들아 다 내게로 오라 내가 너희를 쉬게 하리라 [29] 나는 마음이 온유하고 겸손하니 나의 멍에를 메고 내게 배우라 그리하면 너희 마음이 쉼을 얻으리니 [30] 이는 내 멍에는 쉽고 내 짐은 가벼움이라 하시니라 (마 11:28-30, 개역 개정).

예수님은 그리스도시요 살아계신 하나님의 아들입니다. 예수님이 하나님의 아들 그리스도라는 증거로 십자가에서 우리 죄를 대신해서 피 흘려 죽으시고 죽은 자들 가운데서 부활하셨습니다. 이 예수님이 하나님의 아들 그리스도라는 복음, 그리스도 십자가 대속의 죽음과 부활의 복음으로 우리 인생의 모든 문제가 처리되고 해답을 얻습니다.

우리 모두는 예수님을 하나님과 일체되신 하나님의 아들 그리스도이심을 굳게 믿고, 또 예수님이 하나님의 뜻, 곧 자기를 보내신 이의 뜻을 행하려고 오셨다는 것을 알아야 합니다. 그래서 예수님의 신성을 믿고 이 예수님의 신성의 터 위에서 그리스도 십자가는 만인의 대속을 위한 죽음이라는 것을 알고 믿어야 합니다. 그리고 그 그리스도 십자가를 통해 자기도 영원한 속죄를 받았다는 사실을 알고 믿어야 합니다.

◆ 죄의 문제가 해결될 때 안식에 들어간다

이렇게 예수 그리스도를 바르게 믿는 신앙으로 말미암아 죄악의 문제를 해결할 때 평안과 기쁨을 얻는 안식에 들어갑니다. 이것이야말로 인류 최대의 기쁜 소식입니다. 인간은 태초에 하나님께 범죄하여 하나님을 떠나므로 모든 인생에 고난이 생겼고, 어느 누구도 이 인생고에서 피할 자가 없는 것입니다. 모든 인생은 하나님께 범죄한 결과로 온 죄의 책임과 죄의 오염, 그리고 죄의 세력으로 인하여 저주를 받고 살고 있기 때문에 모든 인간은 단 한 사람이라도 수고와 번민이 없는 자가 없습니다.

그런데 이러한 인생고를 해결하기 위하여 하나님의 계획에 따라 이 세상에 오신 예수 그리스도께서 십자가에서 대신 죄악을 담당하여 주심으로 인생 문제가 해결되었습니다. 하나님과 일체이신 예수 그리스도, 그리고 그 신성의 터 위에 그리스도 십자가 대속의 죽음을 믿는 자는 죄악의 문제를 해결 받음으로 이러한 수고와 번민의 인생고로부터 해방을 받고 안식을 얻는 것입니다.

그러므로 수고하고 무거운 짐을 진 인생들은 어서 속히 그리스도께 와서 예수님을 신성의 그리스도, 십자가에 못 박힌 그리스도로 믿고 참된 평안과 기쁨의 안식을 얻어야 하는 것입니다.

제가 가끔 인용했던 우리 대신교단의 증경총회장 고(故) 최헌 목사님의 글과 간증을 다시 한 번 소개하겠습니다. 이 목사님은 그리스도 십자가 대속의 피의 복음 진리를 깊이 깨닫고 모든 설교에 십자가, 구속, 하나님의 사랑을 강조했습니다. 이 분이 이렇게 깨달은 십자가 복음 진리에 대하여 이런 글을 쓰셨습니다.

> 내가 깨달은 진리가 너무 확실하고 내가 경험하고 있으므로 후세에 전하고 싶은 욕망 때문에 내 나이 83세가 되었어도 청년 진리운동 편지를 쓰고 있다. 내 몸은 늙었으나 깨달은 진리로 말미암아 청년으로 살고 있다. 나는 하늘을 날아다니는 새같이 깨달은 진리로 말미암아 날아다니면서 천국을 누리고 있다. 청년들에게 내가 누리는 천국을 누리기를 바란다. 천국이 따로 있는 것이 아니고 깨달은 진리가 천국이다.

모든 인생들이 수고하고 무거운 짐을 지고 사는데, 예수님을 그리스도, 십자가에 못 박힌 그리스도로 믿고 죄악의 문제를 해결 받음으로 수고와 무거운 짐을 벗어 버리고 안식의 삶을 누리는 자의 바른 신앙고백입니다. 그러나 유감스럽게도 수많은 사람들이 수고와 무거운 짐을 지고 인생고에 시달리면서도 예수님께 나오지 않습니다. 예수님을 그리스도로, 예수님을 하나님의 아들로, 십자가 대속의 죽음과 부활을 믿고자 하지 않습니다. 이것은 가슴 아픈 일입니다.

◆ 인생고에 시달리는 이 시대 젊은이들

저는 최근에 젊은이들의 어려운 구직 문제를 보면서 매우 큰 연민과 동정의 마음을 갖고 살고 있습니다. 제가 활동하던 60-70년대, 그리고 80년대까지는 가장 한 사람이 벌어서 가족 전부를 먹여 살렸던 시대였습니다. 그런데 지금은 부부가 동시에 직장을 갖고 벌어도 아이 두 명을 키우기에 벅찬 시대가 되었습니다. 더더구나 구직 자체가 바늘구멍입니다.

그래서 3포 시대, 소위 연애, 결혼, 출산 포기 시대가 언급되고 거기에 취업이 붙으면 4포 시대, 4포 시대에 집, 인간관계가 붙으면 6포 시대, 꿈이 붙으면 7포 시대가 되어, 이제는 모든 것을 포기한다는 N포 시대라는 말까지 회자되고 있습니다. 이것은 젊은이들이나 사회가 얼마나 수고하고 무거운 짐을 지고 살고 있는지에 대한 단적인 표현입니다.

그러면 좋은 직업을 갖거나 돈을 많이 가진 자나 재벌이나 사장들, 권력, 명예, 인기를 가진 분들은 평안과 안식을 누리고 사느냐?

그렇지 않습니다. 사람이 점점 유명해지면 유명세를 내야 합니다. 그런 사람은 자기의 인기를 잃을까봐 마음이 초조하고 안달이 나서 아무것도 없는 사람보다 불안한 사람이 더 많습니다. 돈이 많아도 불안하기는 마찬가지입니다. 지식이 많아도 불안합니다.

이렇게 인간 사회는 이런 불안이 있는 까닭에 자기의 평안을 조금이라도 위협하는 사람이 있으면 그를 넘어뜨리고자 하는 것이 보편적인 심리입니다. 이것은 좋게 말하면 시기한다는 말로 표현하지만, 사실상 그것은 본능적인 것입니다. 많이 갖지 않는 사람이 보기에는 사치 같지만, 인간은 만족할 줄 모르는 탐욕의 존재입니다. 그래서 가진 자나 갖지 못한 자나 인간은 모두가 수고하고 무거운 짐을 지고 살고 있는 것입니다.

저는 최근에 어려운 구직 문제를 해결하고 공무원 시험에 합격하여 미래의 화려한 꿈을 갖고 결혼을 준비하고 있는 한 젊은이의 암 발병 소식을 듣고 여러 날 동안 집중해서 기도한 적이 있습니다. 본인과 그 가족들은 피 말리는 고통으로 한 달 동안 기도하고 염려하고 긴장과 고통의 날들을 보냈습니다. 죽을 고생을 했다는 것입니다. 천국과 지옥을 하루에도 몇 번씩 왔다 갔다 했다는 것입니다. 다행히도 하나님의 은혜로 수술해서 암 발병 부위를 잘라내어 완치됐다는 소식을 들었습니다. 감사하고 감사한 일입니다.

그런데 인간이 갖고 있는 이런 연약함은 언제 어느 부위에서 질병의 무거운 짐으로 나타날지 알지 못합니다. 여러분 모두도 신체 부위에 어떤 연약함들이 있어서 고통을 당하는 경험들을 모두가 가지고 있을 것입니다. 우리에게 오는 육체적 연약함이나 환경의 어려움, 더 나아가 우리 자신 안에 있는 육신의 정욕이나 안목의 정욕, 이생의 자랑 같은 것들도 우리에게는 무거운 짐입니다. 이러한 우리가 갖고 있고 접하고 있는 수고와 무거운 짐들은 우리가 꼭 선택해서 나타난 것이 아니고, 아예 우리가 태어나면서부터 주어진 것들이 대부분입니다.

◆ 예수님의 안식의 초청

이렇게 수고하고 무거운 짐을 지고 살아가는 인생들에게 예수님은 안식을 약속하시고 자기에게 오도록 초청하고 계십니다. 마태복음 11장 28-30절 말씀을 또 한 번 우리가 같이 합독하도록 하겠습니다.

> 수고하고 무거운 짐 진 자들아 다 내게로 오라 내가 너희를 쉬게 하리라 나는 마음이 온유하고 겸손하니 나의 멍에를 메고 내게 배우라 그리하면 너희 마음이 쉼을 얻으리니 이는 내 멍에는 쉽고 내 짐은 가벼움이라 하시니라(마 11:28-30).

이 예수님의 안식의 초청이야말로 세계 만민에 대한 가장 위대한 복음의 제시입니다. 세상의 모든 사람들이 모두 수고하고 무거운 짐을 지고 신음하고 살고 있는데 이들에게 안식을 약속하는 초청이야말로 예수님의 신성의 하나님으로서의 위대한 사랑과 권능의 표현이요 인류를 향한 가장 위대한 연민의 말씀입니다. 저는 이 위대한 예수님의 안식의 초청의 말씀을 가지고 몇 차례 나누어 말씀을 전하고자 합니다.

저는 예수님의 이 위대한 연민의 사랑의 메시지를 한 자도 빼놓을 수 없다고 생각합니다. 우리는 예수님의 위대한 권능과 사랑과 연민의 말씀의 의미를 정확하게 이해하여 예수 믿는 사람으로서 예수님이 약속한 안식을 참되게 누리는 자들이 되어야겠습니다. 저는 이런 예수님께서 약속하신 안식을 받아 누리며 사는 자로서 만강의 감사로 하나님과 우리 아버지께, 우리 주님께 영광을 돌려드립니다.

우리는 먼저 예수님의 안식의 초청 전반에 관한 말씀을 일견해보고 구체적으로 하나하나 이해하고자 합니다. 인생에게는 수고하고 무거운 짐이 여러 가지가 있습니다. 그러므로 짐을 진 사람들에 대해서 예수님께서 다 내게로 오라고 하신 말씀은 그 배경에 얼마나 큰 힘과 큰 준비를 하고 계신가를 생각하게 합니다.

보통 사람이 이 세상 사람보고 모든 괴로운 일과 모든 수고로운 짐을 겪거든 나에게로 오라고 그런 장담을 할 사람이 누가 있겠습니까?

사람이 이 세상에 사는 동안에 지는 짐이 한 두 가지가 아닌데, 그런 일이 있으면 다 내게로 오라고 예수님께서 말씀하신 것입니다.

그러면 어떻게 하시겠다고 예수님은 말씀하셨습니까?

"내가 너희를 쉬게 하리라."

즉 평안을 주실 것이라는 말씀입니다. 이것이 예수님의 큰 약속입니다. 이 약속에 의해서 우리가 이러한 평안과 안식을 얻고 삽니다.

◆ 예수님 안식 초청에는 조건이 있다

만일의 경우에 여러분이 이 안식과 평안을 얻고 산다고 그러면 예수님의 약속을 잘 믿는 증거가 될 것입니다. 그런데 만약 그것을 얻고 있지 못하고 있다고 그러면 예수님의 말씀이 무효인 것이 아니고 무슨 잘못이 여러분에게 있는 것입니다. 본문 말씀을 보면 거기에는 조건이라고 할 만한 것이 붙어있습니다.

"나는 마음이 온유하고 겸손하니 나의 멍에를 메고 내게 배우라 그리하면 너희 마음이 쉼을 얻으리라."

주님이 말씀하셨습니다. 여기서 "그리하면"이라는 말은 조건부입니다. 예수님의 멍에를 메고 예수님에게서 배우라는 것이 그 조건입니다. 우리는 이러한 예수님의 멍에라는 조건도 하나하나 알아볼 것입니다.

앞으로 우리가 듣겠지만, 여기서 결론부터 말하면 예수님의 멍에란 예수님을 그리스도로 믿는 신앙생활을 말합니다. 예수님을 하나님의 아들 그리스도로 믿고 예수님의 영인 성령의 인도 따라 일하고 수고하는 것입니다. 이런 수고는 예수님을 그리스도로 믿는 믿음에서 가지는 것이기 때문에 평안과 기쁨입니다. 이것이 안식입니다. 그러므로 인간은 예수 그리스도를 믿는 신앙으로 말미암아 죄악의 문제를 해결할 때 이러한 안식에 들어갑니다. 이것이 예수님의 말씀의 최종적인 결론적 해석입니다.

우리는 이러한 예수님께서 초청하신 안식의 말씀을 보다 더 정확히 이해하기 위하여 우리 인생들이 직면한 수고하고 무거운 짐 진 자들이라는 말씀부터 알아보고자 합니다. 진단이 바르게 나와야 바른 처방이 나오는 것입니다. 예수님은 세상의 모든 인류를 향하여 "수고하고 무거운 짐 진 자들아"라고 말씀하셨습니다.

과연 우리는 수고하고 무거운 짐을 지고 있습니까?

세상 사람 누구에게든지 물어보면 항상 수고스럽고 항상 마음이 무거운 때가 아주 많다고 하는 사람이 훨씬 많습니다. 혹시 어떤 사람은 항상 기쁘고 평안하고 아무 걱정 없다고 하는 사람이 있다그 하더라도 그것은 일시적인 일에 불과하지 항상 계속해서 그런 말을 하기가 쉽지 않습니다. 물론 예수 그리스도를 인격적으로 만나서 참된 안식을 얻은 다음에는 이야기가 다릅니다. 세상 사람은 참된 안식을 얻기 전이라도 어떤 방식으로든지 여러 가지 평안을 구하고 얻고 살려고 하는데 그런 것이 쉬운 일이 아닙니다.

◆ 왜 수고하고 무거운 짐들이 있게 되었는가?

그러면 우리 인생들에게 어떻게 하여 수고하고 무거운 짐들이 있게 되었느냐?

하는 문제입니다. 오늘 본문 설교는 여기에 초점을 맞추어 진행하고자 합니다. 이 문제는 우리 교회 여러분이 항상 듣는 말씀으로서 잘 아는 이야기입니다. 그것은 한 마디로 인간의 타락의 이야기요 창세기 3장의 선악을 알게 하는 나무의 열매는 먹지 말라는 하나님의 명령을 어기는 결과로 빚어진 내용입니다. 이 내용을 우리는 다시 한 번 듣고자 합니다.

태초에 하나님께서 사람을 창조하실 때에 하나님의

형상을 가진 자로 만드셨습니다. 하나님의 형상을 가진 인간은 하나님의 동산인 에덴에서 하나님과 교제하면서 하나님께서 주신 문화명령, 즉 정복하고 통치하라는 말씀대로 살게 되었습니다.

이때 하나님께서는 피조물인 인간이 하나님과 교제하며 하나님의 형상을 온전히 실현해 나아가는 조건으로 선악을 알게 하는 나무의 열매는 먹지 말라 네가 먹는 날에는 반드시 죽으리라는 명령을 주셨습니다. 무죄 상태로 지음 받은 최초의 인간 아담과 하와는 이 하나님의 명령을 지키는 데 아무 어려움이 없었습니다.

하나님께서 먹지 말라고 하신 명령은 가장 지키기 쉬운 명령이었습니다. 무엇을 하라고 했으면 오히려 분주하고 괴로울 것이나, 다른 모든 것은 먹는 가운데 선악을 알게 하는 나무의 열매만 먹지 않는 것은 쉬운 것입니다. 하나님은 이러한 쉬운 조건 하나로 인간들이 하나님의 명령에 순종해 나가는 동안 더 높은 영광의 상태로 올라가도록 종류하셨습니다.

이러한 점에서 첫 번째 인간은 아직 최상의 영광에는

이르지 못하였습니다. 아담은 인생의 끝이 아니라 시작에 서 있었습니다. 그의 처지는 임시적이고 일시적이어서 그대로 머물 수 없었고, 반드시 더 높은 영광이나 죄와 죽음의 타락으로 전이되어야 했습니다. 하나님의 명령 위반은 죽음의 형벌이었으나, 그 반대로 하나님의 명령의 준수는 생명, 곧 영생의 보장이었습니다.

아담은 이런 식으로 출발점에 서 있었습니다. 첫 사람 아담은 이러한 영원한 생명을 아직 갖지 못했지만, 반드시 그것을 획득해야만 했습니다. 그는 여전히 실수하고 죄를 짓고 타락하고 죽을 수도 있었습니다. 아담이 하나님에 대해 갖는 관계는 자신이 하나님과의 교제 가운데 갈수록 더욱 올라갈 수가 있었으나, 또한 그 교제로부터 떨어질 수도 있었습니다.

◆ 창세기 3장의 인간의 타락 사건

그러나 우리가 아는 바대로 창세기 3장의 인간의 타락의 사건이 발생했습니다. 아담은 그가 제일 지키기 쉬운 명령, 안 먹으면 되는 선악과 열매를 따 먹고 사탄과 공모해서 따 먹은 것입니다. 하나님의 명령에 대한 반역죄를 범한 것입니다. 아담과 하와가 하나님의 명령을 어기고 선악과 열매를 먹어 범죄했을 때 그들에게는 죄에 대한 책임과 죄로 말미암은 오염과 부패, 그리고 죄의 세력에 매인 자가 되었습니다. 그 결과로 첫 사람만 심판으로 끝나는 것이 아니라 땅도 저주를 받게 되었습니다.

> 땅은 너로 말미암아 저주를 받고 너는 평생에 수고하여야 그 소산을 먹으리라(창 3:17)

또한 "땅이 네게 가시덤불과 엉겅퀴를 낼 것"이라고 하였습니다.

그래서 로마서 8장 22절 이하에 보면 피조물이 다 함께 탄식하며 허무한데 굴복하고 있다고 하였습니다. 이것은 하나님께서 인간의 죄에 대한 형벌 때문에 그렇게 된 것이라고 하는 것입니다. 이때 범죄한 첫 사람 아담의 자격은 단순한 개인이 아니었습니다. 그는 인류의 대표였습니다. 그는 인류의 대표로서 그로부터 태어날 인류를 그 안에 품고 있는 사람이었습니다. 그러므로 그가 한 번 잘못하면 인류가 함께 잘못하게 되는 것이었습니다.

그리하여 아담의 타락의 결과, 아담의 죄의 결과는 아담 이후의 사람들에게 전가되어 사람이 사회를 점점 형성해 나아갈 때 죄의 본성의 지배를 받은 사실이 그 개인과 그들의 사회에 불의와 악으로 나타나게 되었습니다. 죄악의 성격은 이렇게 무섭고 강한 것입니다.

◆ 죄의 결과로 오게 된 인생고

이렇게 해서 발생한 인생의 고난이 수고하고 무거운 짐인 것입니다. 인생이 타락한 결과로 갖는 고생입니다. 곧 죄의 결과로 오는 고생입니다. 여기에는 가시덤불과 엉겅퀴가 되는 괴로움도 있고, 짐승들이 주는 괴로움도 있고, 사람들의 사회가 주는 괴로움도 있습니다.

첫째, 우리에게 뚜렷하게 나타나는 수고하고 무거운 짐입니다.

둘째, 그것보다 더 심한 것은 사람이 죄와 부패로 타락하고 오염되어 있는 까닭에 일어나는 죄악의 정욕 때문에 받는 괴로움이 있습니다.

그래서 자기 혼자서 괴로워하고 슬퍼하고 안타까워하는 이런 그름, 마음이 순결하고 아름답고 고요하지 못하고 항상 끓어오르는 물과 같이 항상 괴로워하는 이러한 일은 누가 시킨 것이 아니지만, 자기 혼자 그렇게 하는 것입니다.

이런 것들이 무거운 짐이 되지만, 그 배후에서 부채질하는 것과 같이 두거운 짐을 당하고 있는 자가 있어, 그것이 사탄과 그 하수인들이 쓰는 도구입니다. 마음이 연약하고 정욕적이어서 많은 욕심을 부리면 사탄에게 붙잡히기 쉽습니다. 사탄과 흑암 세력이 사람의 정욕과 연대해가지고 자꾸 괴롭게 해서 수고하고 무거운 짐을 지게하고 따라다니는 것입니다.

이런 모든 것이 첫 사람 아담이 하나님께 범죄한 이

래로 오는 역사적인 현실입니다. 그래서 소위 원죄로 말미암은 죄책과 죄의 오염, 그리고 죄의 세력에 인간이 매인 바 되어 이런 인간들로 조성된 사회가 주는 괴로움이 크고 또 인간 개개인도 죄의 오염으로 부패되어 있어서 그로 인한 괴로움이 큰 것입니다. 인간은 이와 같은 수고하고 무거운 짐을 피하려야 피할 길이 없습니다.

그래서 예수님은 "수고하고 무거운 짐 진 자들아 다 내게로 오라 내가 너희를 쉬게 하리라"고 말씀하시는 것입니다. 예수님만이 하나님과 일체이신 신성의 하나님의 아들로서 지금까지 말씀드린 인생이 직면한 죄의 문제를 십자가에서 다 담당하시고 해결하셨기 때문에 우리를 안식으로 초청하시는 것입니다. 말씀을 정리하며 마치고자 합니다.

예수님은 그리스도시요 살아계신 하나님의 아들입니다. 예수님이 하나님의 아들 그리스도라는 증거로서 십자가에서 우리 죄를 대신해서 피 흘려 죽으시고 죽은 자들 가운데서 부활하셨습니다. 이 예수님이 하나님의 아들이라는 복음, 예수님이 그리스도라는 복음, 그리스도 십자가 대속의 죽음과 부활의 복음으로 우리 인생의 모든 문제가 처리되고 해답을 얻습니다. 이 십자가 대속의 피의 복음으로 깊이 뿌리내리기를 기원합니다. 예수님을 그리스도로, 십자가의 대속의 죽음을 당하시고 부활하신 예수님을 참되게 믿을 때 신자는 죄악의 문제를 해결 받고 예수님이 약속한 안식에 들어갑니다.

◆ 죄악 문제 해결로 안식에 들어간다

예수님은 말씀하셨습니다.

"수고하고 무거운 짐 진 자들아 다 내게로 오라 내가 너희를 쉬게 하리라."

분명히 약속했습니다. 수고하고 무거운 짐은 인간의 죄와 타락의 역사적인 시초에서부터 전 인류에게 한꺼번에 흘러내려왔습니다. 또한 자신이 가지고 있는 죄의 부패와 오염, 그리고 죄의 세력들이 그러한 무거운 짐을 주는 것입니다. 이러한 죄악의 문제를 해결하기 위해서 예수님께서 오셨고, 십자가에서 대속의 죽음으로 담당하신 것입니다. 인간은 이 예수님을 믿음으로 죄악의 문제를 해결 받고 안식에 들어가며, 평안과 기쁨을 얻는 것입니다. 이것이 하나님의 나라, 심령 천국입니다.

세상에 예수 믿는 것보다 더 위대한 평안과 기쁨과 안식은 없습니다. 세상에 예수 믿는 것보다 더 큰 행복은 없습니다. 여러분 담임목사가 믿고 증거하는, 예수님 믿고 죄악의 문제를 해결하는 안식을 모두 받아 누리기를 기원합니다. 저는 이 안식 속에 살고 있습니다. 어떤 세상의 풍파와 어려움이 와도 저는 안식하고 평안합니다. 세상에 고난과 역경들이 하나님이 주신 평안을 훼방할 수는 없습니다.

그러므로 여러분이 참되게 예수님을 하나님의 아들로 믿는 신성을 진짜 회복하고 믿고 그러면서 성령의 충만을 받으시기 바랍니다. 여러분의 인생고가 한 순간에 믿는 순간에 사라진다는 위대한 이 신비의 복음의 비밀, 안식의 비밀을 누리시기 바랍니다. 그래서 이것을 맛보면서 세상 속에 살면서 안식 없는 자들의 무거운 짐을 지고 괴로워하는 무리들에게 안식의 주인공 예수님을 증거하며 살기를 기원합니다.

기도하겠습니다. 오늘 여러분 이 시간에 예수님을 하나님의 아들 십자가에 못 박힌 그리스도로 믿으면, 믿는 순간에 여러분의 모든 무거운 짐, 수고하는 짐들을 다 주님께로 넘어가고 여러분이 이 믿음생활을 통해서 안식의 삶을 살아갈 것입니다. 기도하겠습니다.

살아계신 아버지 하나님!

하나님 은혜를 감사합니다.

세상의 수고하고 무거운 짐 진 자들이 전부입니다. 이것은 내가 잘못해서 이 수고하고 무거운 짐이 오는 것도 아니고 우리가 태어나면서부터 수고하고 무거운 짐을 이제 지고 사는 것이 대부분입니다.

그러므로 이것은 인간이 해결할 수 없습니다. 아무리 평안을 누리려고 할지라도 무겁고 수고하는 짐들은 우리에게 태어나면서부터 주어진 것이기 때문에 이것을 해결하려고 발버둥

쳐도 안 되는 것입니다. 일시적일 뿐입니다.

그러나 우리 주 그리스도께서 십자가에서 우리의 죄악의 문제를 완전히 담당하시고 부활하셨기 때문에 우리가 예수님을 믿는 믿음을 가지면 우리 예수님께서 모든 죄악을 도말하심으로 인해서 이러한 수고하고 무거운 짐이 죄로부터 왔다는 것으로부터 해방되도록 우리 아버지여 축복하심을 감사하옵나이다.

이 귀한 진리를 확실히 믿고 받아서 참된 안식을 누리며 세상에 나아가 안식의 주인공 되시는 우리 주님을 안식 없는 무리들에게 증거하는 권능의 증인들이 되어 살아가게 하여 주옵소서.

예수님 이름으로 기도하옵나이다. 아멘.

5. 하나님 나라 평안, 세상 평안
 - 위기 시에도 하나님의 평안은 요지부동이다

> [28] 수고하고 무거운 짐 진 자들아 다 내게로 오라 내가 너희를 쉬게 하리라 [29] 나는 마음이 온유하고 겸손하니 나의 멍에를 메고 내게 배우라 그리하면 너희 마음이 쉼을 얻으리니 [30] 이는 내 멍에는 쉽고 내 짐은 가벼움이라 하시니라(마 11:28-30, 개역개정).

예수님은 그리스도시요 살아계신 하나님의 아들입니다. 예수님이 하나님의 아들 그리스도라는 증거로 십자가에서 우리 죄를 대신해서 피 흘려 죽으시고 죽은 자들 가운데서 부활하셨습니다. 이 예수님이 그리스도라는 복음, 그리스도 십자가 대속의 죽음과 부활의 복음으로 우리 인생의 모든 문제가 처리되고 해답을 얻습니다. 이 그리스도 십자가 대속의 피의 복음으로 깊이 뿌리내리기를 기원합니다.

신자가 참되게 그리스도 십자가 대속의 피의 복음을 믿고 그리스도와 연합하게 되면 죄 사함을 받고 하나님과 화목하게 되어 양심의 진정한 평안을 누리며 살게 됩니다. 이 평안은 세상이 주는 평안과 다른 하나님 나라의 평안으로서 인생의 행복의 참된 기초입니다. 어느 누구도 마음의 평안이 없으면 행복할 수 없을 것입니다. 이 세상 살면서 수고하고 무거운 짐을 지고 살고 있는 우리에게 안식을 주고 쉬게 해 주고 평안을 준다는 예수님의 약속은 인생 최대의 복된 소식입니다.

◆ 진정한 안식은 하나님 나라의 평안

오늘 예배 중에 예수님께서 여러분에게 주시는 진정한 안식, 하나님 나라의 평안을 여러분 모두가 누리며 살기를 간절히 바랍니다. 세상에 우리 주 예수님께서 약속하시고, 또 누리도록 주신 하나님 나라의 평안, 그리스도의 왕국의 평안보다 더 큰 축복이 없습니다. 이 축복이 없어서 인생들은 수고하고 무거운 짐을 지고 괴로워하며 살고 있고, 여러 가지 인간적 혹은 종교적 방법을 동원해서 수고하고 무거운 짐을 덜고자 세상적 평안을 추구하며 살고 있습니다. 그러나 예수님께서 약속하신 안식과 평안 외에 참된 평안과 안식은 없습니다. 세상의 평안은 하나님 나라 평안의 모조품이고 또 일시적이며 때로는 자신을 기만하여 얻는 평안이기도 합니다. 수고하고 무거운 짐 진 자들은 다 주님께로 와야 합니다.

제가 오래 전에 복음을 전하고자 어떤 사람을 만나서 대화를 하는 중에 그 사람이 달라이 라마의 『행복론』을 읽고 평안을 얻은 이야기를 저에게 했습니다.

그래서 제가 물었습니다.

달라이 라마의 『행복론』의 요지가 무엇이더냐?

어떻게 평안을 얻었느냐?

그는 저에게 "달라이 라마는 세상을 집착하지 말고 멀리 떨어져 보면 문제될 것이 없다고 하고, 그러면 평안을 얻게 된다"라고 했다고 이야기해 주었습니다.

이런 논리는 불교에서도 동일하게 말하고 있습니다. 그런데 이런 논리가 묘한 매력이 있습니다. 근심 많은 세상을 통제하고 거기서 완전히 격리한다는 생각입니다. 모든 애착을 버리면 걱정이 사라진다는 것입니다. 사랑이 없으면 가슴 아플 일도 없고 사랑하지 않으면 고통도 멈추고 원하는 것이 없으면 잃을 것도 없다는 식입니다. 그러나 문제는 누가 이런 일을 해 주느냐가 문제입니다. 결국은 자기가 해야 합니다. 모든 책임이 자기에게 있습니다. 자기 자아를 떼어내어 버리라고 불교는 말하는데, 누가 그것을 떼어내어 버리느냐는 결국 자기가 떼어내어 버려야 한다는 말입니다.

이것이 가능한가?

인간이 하나님께 범죄해서 하나님께서 형벌로 주신 수고하고 무거운 짐을 자기 스스로 거둘 수 있습니까?

자기 속에 타락한 본성이 있어서 정욕이 물 끓듯이 일어나는데, 그것을 잠잠하게 하고 완전히 없앨 수 있습니까?

일시적이라면 몰라도 자기에게서 완전히 떼어내어

던져버릴 수가 있겠습니까?

모든 욕망과 시시로 떠오르는 생각들을 잠잠하게 하고 평안을 유지하게 할 수 있느냐?

그분의 말입니다.

◆ 세상 성인도 복음의 빛 속에 들어오면 부끄러운 자로 느낀다

아마도 그런 수련을 하는 분들은 가능하다고 할지 모릅니다. 아마 어떤 성인은 어느 경지에서 그런 말을 할 수도 있을지 모릅니다. 그러나 그것은 자기기만입니다. 자신의 타락한 본성을 거부하는 몸짓입니다. 인간이 죄로 말미암아 부패하고 타락한 심정 안에 있을 때는 그런 인간 본성을 아무렇지도 않는 것같이 호도하고 지내지만 훗날에 그 삶이 참되게 예수님을 그리스도로 믿고 그리스도의 빛 속에 들어오게 되면 그는 호도하고 지낸 일들이 부끄럽기 그지없는 것입니다.

저는 예수님을 하나님의 아들로 믿지 않고 살았던

날들의 모습을 지금 생각하면 실로 부끄럽기 그지없습니다. 예수님을 인격적으로 더 깊이 알아 가면 갈수록 이런 부끄러움과 저 자신의 죄성이 더 깊어져 가고 있습니다. 한 마디로 억만 죄인이라는 표현이 맞습니다. 이 억만 죄악을 우리 예수님이 그리스도 십자가에서 대신 죽으심으로 다 담당해 주셨으니 죄로 인한 수고하고 무거운 짐이 예수 그리스도로 말미암아 벗어지는 것입니다.

우리는 지난주에 이어서 예수님께서 주시는 평안의 복음을 반복하여 듣고자 합니다. 안식이 없는 이 세상, 그저 바쁘고 떠드는 세상, 그렇다고 문제는 여전히 남아 있는 세상, 세상은 점점 더 어두워지고 있고, 더 무겁고 수고로운 짐을 요구하고 있습니다. 문화가 발전하고 경제적 여유가 생기고 시간적 여유가 있고, 기술이 발전하여 생활이 편리해졌는데, 수고하고 무거운 짐은 갈수록 더 가중되고 있습니다. 제가 어렸을 때에 전기불도 들어오기 어려운 그런 시대보다 짐은 점점 더 무거워 지고, 평안은 점점 더 없어지고 있습니다.

◆ 시공을 초월하신 예수님의 평안 초청

그래서 시공을 초월하신 예수님은 오늘의 이 시대를 위해 이미 이천 년 전에 다 예견하시고 인류의 최고의 평안의 복음으로 우리를 초청하고 계십니다. 마태복음 11장 28-30절을 또 한 번 다같이 합독하도록 하겠습니다.

> 수고하고 무거운 짐 진 자들아 다 내게로 오라 내가 너희를 쉬게 하리라 나는 마음이 온유하고 겸손하니 나의 멍에를 메고 내게 배우라 그리하면 너희 마음이 쉼을 얻으리니 이는 내 멍에는 쉽고 내 짐은 가벼움이라 하시니라 (마 11:28-30).

우리는 지난주에 수고하고 무거운 짐 진 자들의 성격에 관해서 들었습니다.

인간은 태초에 하나님께 범죄하여 하나님을 떠나므로 그 범죄로 인하여 수고하고 무거운 짐을 지고 살아가는 인생고 속에서 살게 되었음을 들었습니다. 그리고 어느 누구도 이 인생고에서 피할 수 없게 되었다는 것을 들었습니다. 모든 인생은 하나님께 범죄한 결과로 온 죄의 책임과 죄의 오염, 그리고 죄의 세력으로 인하여 저주를 받고 살고 있기 때문에 모든 인간은 단 한 사람도 수고와 번민이 없는 자가 없게 되었습니다.

그런데 이러한 인생고를 해결하기 위하여 하나님의 계획에 따라 이 세상에 오신 그리스도께서 십자가에서 대신 인간의 원죄와 자범죄를 비롯한 모든 죄를 모두 담당해 주심으로서 인생 문제가 해결되었습니다. 하나님과 일체이신 예수 그리스도, 그리고 이 신성의 터 위에 그리스도 십자가 대속의 죽음을 믿는 자는 죄악 문제를 해결 받으므로 인생의 수고와 번민의 인생고로부터 해방을 받고 안식을 얻는 것입니다.

그러므로 인간의 범죄로 인하여 수고하고 무거운 짐 진 자들을 구원하기 위해 예수님은 아버지의 뜻을 따라 이 세상에 오신 것입니다. 예수님은 말씀하십니다.

"수고하고 무거운 짐 진 자들아 다 내게로 오라 내가 너희를 쉬게 하리라."

그러나 유감스럽게도 사람들은 예수님의 초청을 무시하고 자기 방법대로 평안을 찾는 길을 모색합니다. 이 세상 사람은 누구나 자기 방법대로 평안하게 지내려고 합니다. 사람들은 자기 생활이나 자기 마음의 어느 정도의 평안을 얻지 못하면 살 수가 없습니다.

우리 그리스도인도 마찬가지입니다. 예수님을 그리스도로 믿고 죄악 문제를 해결 받고 안식과 평안에 들어가는 사람들도 있으나, 제가 보기에는 다수의 그리스도인들이 참된 평안, 하나님 나라의 평안을 누리고 살지 못한다고 보여 집니다. 예수님을 믿고 그리스도인이 된지 오랜 사람이라도 진정으로 하나님 나라의 평안을 얻기보다는 하나님께서 주신 일반적인 인간관계의 법칙에 의해서 안정을 얻고 더 큰 풍파가 없이 마음의 큰 동요를 받은 일이 없이 살아가면 족하다는 식의 생각을 버리지 않고 살아가는 사람이 많다고 보여 집니다.

그러나 그렇게 예수님을 믿는 사람은 회개하고 그리스도의 속죄의 은혜로 하나님 나라의 평안을 참되게 발견하여 그 평안으로 살아가야 마땅합니다. 그렇지 못하면 그리스도인이라고 하면서도 성령님의 크신 역사를 따라 살 수가 없는 것입니다.

인간은 누구나 안정을 필요로 하기 때문에 지금까지 자기가 가지고 있는 어떤 평안의 방법을 포기하지 않고 그 방법으로 계속 안정을 누리며 살고자 합니다. 그래서 보통은 경제적으로 안정을 얻고 육체적으로 어느 정도 건강을 가지면 대체로 안정하게 되는 것으로 알아 자신이 지금까지 지내온 방법대로 만족하며 평안하다고 생각하며 사는 경우가 많습니다.

◆ 하나님 나라 평안과 세상 평안은 다르다

그러므로 참되게 예수님을 하나님의 아들로 믿는 거듭난 그리스도인은 하나님 나라의 평안이 나를 지배하고 있는가 아니면 인간적인 방법을 따라 나를 유지하는 평안이 나를 지배하고 있는가를 명확하게 반성하고 점검해야 합니다.

이때 그리스도인이 하나님 나라를 나타낸다고 한다

면 하나님 나라는 무엇으로 나타납니까?

그것은 기본적으로 평안과 기쁨으로 나타납니다.

그런데 평안은 어디서 옵니까?

내 몸이 건강하고 내 생활수입이 일정해서 가까운 장래에 무너져 실직돈다든지 하는 일이 없다는 사실과 내가 건전한 상식도 있고, 도덕적인 자제력도 있어서 이런 것으로 달미암아 평안을 유지하고 사는 것입니까?

그러나 이런 평안은 사실은 헛된 세상의 평안입니다. 예수님을 하나님의 아들로, 예수님을 그리스도로, 그리스도 십자가 대속의 피의 복음을 믿는 그리스도인은 모든 인간적인 조건으로서 도움이 될 수 있는 인간적인 평안과는 하직을 고해야 합니다. 예수님을 신성의 그리스도로 믿고 죄악 문제를 해결 받을 때 오는 평안이 신자의 마음을 지배해야 합니다. 그럴 때 오늘 예수님의 초청의 말씀, "수고하고 무거운 짐 진 자들아 다 내게로 오라 내가 너희를 쉬게 하리라"는 말씀이 참으로 하나님 나라의 평안을 줄 수 있는 것입니다. 하나님 나라의 가장 기본적인 속성은 의와 평강과 기쁨입니다.

이 하나님 나라의 평안이 어디서부터 시작합니까?

물론 우리가 하나님께 범죄한 죄악의 문제를 해결할 때 하나님과 화목한 데에서 시작이 됩니다.

성도 여러분!

인간이 이 세상에서 진정한 평안을 못 누리는 이유가 어디 있습니까?

물론 우리의 죄악 때문입니다. 그렇습니다. 죄악으로 인하여 하나님과 원수관계가 되었고, 하나님과의 화목의 관계가 파괴된 것입니다. 여기에 인간의 실존적인 불안과 공포가 있습니다. 하다못해 한 가정에서 아들과 아버지 사이에 불화가 있어, 아들이 아버지의 진노 속에 있다면 그 아들은 평안이 없게 되어 있습니다.

직장인이 직장의 상사나 CEO와 불화관계가 있다면 평안이 있겠습니까?

하물며 우리의 창조주 되시고 우리 인생 문제의 주권자 되신 하나님과 불화관계가 있다면 누구든지 실존적인 불안과 공포를 갖지 않을 수가 없는 것입니다.

인간은 비록 하나님의 존재를 부정하는 자라도 그가

의식하지 못하는 가운데서도 실존적인 불안과 공포를 그의 의식 혹은 무의식 속에서 느끼며 살게 되었습니다. 그러므로 인간의 이러한 실존적인 불안과 공포를 해결하는 길은 빨리 하나님과 화목하는 길입니다.

◆ 구약 시대 율법의 원리, 화목제는 하나님과 화목

구약 시대 율법은 이러한 원리를 잘 설명해 주고 있습니다. 구약의 제사를 보면 처음에 속죄제와 속건제가 있고, 그 다음에는 번제와 소제가 있고, 그 다음에 화목제가 있습니다. 속죄제와 속건제는 죄를 속하는 것입니다. 즉 죄의 형벌에 대해서 하나님이 묻지 아니하신다는 것입니다. 그것은 속죄제로 대신 속죄했기 때문입니다. 그 다음에 번제는 내가 기쁨으로 주께 전부를 드린다는 것입니다. 소제는 열매를 드리는 것입니다. 그리고 최후의 정점은 화목제라고 할 수 있습니다.

하나님께서 진노를 부여할 대상에게 그 대신 사랑과 인자와 긍휼로 임하시고 그를 높이사 의롭다 하시고 아들의 명분을 주시고 후사로 삼으시고 만물을 그리스도와 함께 주신다는 사실 가운데 올려놓으셨다는 것이 하나님과의 화목입니다. 전에는 하나님 앞에 범죄하고 배반해서 원수되었던 자가 이제는 하나님의 자비와 긍휼과 하나님의 은혜를 받는 위치에 서 있게 되었다는 것입니다.

이렇게 먼저 하나님께서 진노하시어야 할 진노를 걷어냄으로서 평안이 있는 것입니다. 인간은 별 재주를 다 부려도 하나님께서 진노하실 때는 평안이 없는 것입니다. 그러나 구약 시대 동물제사를 드려 속죄제 및 속건제 그리고 화목제를 드린다고 해도 구약 백성들은 완전한 평안을 누리지 못했습니다. 그것은 동물 희생제사가 완전한 속죄를 가져다줄 수 없었기 때문이었습니다. 그래서 구약의 하나님의 백성들에 의한 위로는 여전히 미약했고, 그들의 양심은 아직 충분한 안식을 누리지 못했습니다. 구약의 동물 희생제사는 우리 주 예수 그리스도의 피의 희생제사 제도의 모형과 그림자로만 담겨 있었습니다.

구약에서의 구원은 객관적으로 신약의 구원보다 더 대수롭지 못한 것이었습니다. 구약 시대의 구원이 별빛과 같았다면 신약 시대의 구원은 태양빛과 같은 밝고도 찬란한 구원인 것입니다. 그래서 예수님은 마가복음 10장 45절에서 말씀하십니다.

> 인자가 온 것은 섬김을 받으려 함이 아니라 도리어 섬기려 하고 자기 목숨을 많은 사람의 대속물로 주려 함이니라(막 10:45).

예수님은 동물 희생제사의 완성을 위한 희생제물로 대속의 죽음을 당하기 위해 이 세상에 오셨다고 하신 것입니다.

◆ 대속의 희생제물 예수

그러므로 이제 모든 인류가 예수님을 대속의 희생제물로 오셔서 우리의 죄를 십자가에서 모두 담당해 주신 하나님의 아들 그리스도로 믿지 않는다면 심판과 정죄를 받게 될 것입니다.

> 그를 믿는 자는 심판을 받지 아니하는 것이요 믿지 아니하는 자는 하나님의 독생자의 이름을 믿지 아니하므로 벌써 심판을 받은 것이니라 그 정죄는 이것이니 곧 빛이 세상에 왔으되 사람들이 자기 행위가 악하므로 빛보다 어둠을 더 사랑한 것이니라 (요 3:18-19).

빛으로 오신 예수님을 믿지 않는 자는 이미 심판을 받았다는 것이라고 합니다. 그러면 하나님께서 죄책에 대한 형벌을 언제든지 내릴 수가 있는 것입니다. 사람이 회개하고 예수님을 하나님의 아들 그리스도로 믿지 않으면 언제 심판이 내릴지 알 수가 없습니다. 하나님께서는 땅에서부터 심판을 하시는 것이지 죽어서 지옥에 가서야 심판을 시작하는 것이 아닙니다. 죄악의 심판은 땅에서부터 이루어져서 자연적인 이법(理法)하에서도 심판을 받는 것이고, 하나님의 적극적인 의사하에 서도 심판을 받는 것입니다. 하나님은 이 두 가지를 다 쓰셔서 주권적으로 심판하시기도 하고 안 하시기도 하는 것입니다.

이렇게 해서 하나님의 섭리가 하나님을 사랑하고 의지하는 자에게는 기묘하게 모든 것을 합하여 유익하게 하지만, 하나님에게서 떠난 자에게는 항상 진노와 고통으로 갖고 나가시는 것입니다. 이런 것이 불신 세상의 사람의 현재 상태인 까닭에 심히 위험하고 심히 불안한 상태인데도 그런 사람이 자기에게 평안이 있다고 어리석게 생각하고 살고 있는 것입니다.

우선 자기에게 직업이 있고, 그 직업에서 떨어지지 않고 살 수 있으면, 자기는 안정되게 살 수 있으리라고 생각하고 웃고 삽니다. 그런데 그것이 있고 또한 건강이 있더라도 하나님이 그 밤에라도 찾으시면 당장에 없어질 수 있고, 갑자기 암 같은 질병도 나타날 수 있으며, 갑자기 무슨 일을 당하는지 알 수 없는 것입니다. 당할 이유가 없는데 당한다고 하겠지만, 당할 이유는 하나님 앞에 죄인이라는 그것 하나가 이유인 것입니다.

◆ 참 평안은 십자가 대속의 공로를 의지하는 것

그래서 이러한 불안이 있는데, 예수님을 하나님의 아들로 믿으면서부터는 그 문제에 대해서 이제 하나님께서 "내가 너를 형벌하지 않고 내가 너를 정죄하지 않고 내가 너희에게 화를 주지 않겠다"고 하시는 것입니다. 예레미야 29장 11절을 보면 "너희를 향한 나의 생각을 내가 아나니 평안이요 재앙이 아니니라 너희에게 미래와 희망을 주는 것이니라" 하였습니다.

"내가 너희를 이제는 문책하지 않는다."

이것이 화목제의 중요한 의미입니다. 여기서부터 평안이 시작되는 것입니다. 그러므로 이것은 우리가 예수 그리스도의 십자가의 대속의 공로를 힘입고 끊임없이 의지하고 하나님 앞에 나아가는 사실로서 완성되었고, 이것이 참 평안을 얻고 유지하는 길인 것입니다.

그런데 이 평안이라는 것을 예수님은 구체적으로 하

나의 조건을 제시하셨는데, 그것은 "나는 마음이 온유하고 겸손하니 나의 멍에를 메고 내게 배우라"고 말씀하셨습니다. "그리하면 너희 마음이 쉼을 얻으리니"라고 하셨습니다. 곧 너희 마음에 평안을 얻을 것이라는 이야기입니다.

그러므로 평안한데 가만히 앉아 있으면 저절로 안주하고 평안을 유지하는 것이 아니라 예수님의 멍에를 메고 예수님께 배우라고 하셨고, 그럴 때 평안을 얻을 것이라고 말씀하셨습니다. 그러면 어떻게 예수님의 멍에를 메고 배울 것이냐 하는 문제는 다음 주부터 차례차례 구체적으로 보겠습니다. 한 마디로 예수님의 멍에란 예수님을 믿고 순종하고 따르며 성령의 인도 따라 일하고 수고하는 것입니다.

◆ 하나님 나라 평안과 세상 평안은 절대적으로 다르다

끝으로 우리는 하나님 나라의 평안과 세상의 평안이

절대적으로 다르다는 것을 다시 한 번 지적함으로서 말씀을 마치고자 합니다. 하나님 나라의 평안과 세상의 평안이 평상 시에는 얼른 구분되기가 어려운 경우가 있으나, 그 차이는 위기 시에 나타나게 되어 있습니다. 위기 시에 사람의 평강은 무너질 수 있지만, 그때에도 하나님의 평안, 그리스도의 평강은 복음 받은 신자를 요지부동으로 지배한다는 것을 볼 수가 있습니다. 분명히 그런 때가 있는 것입니다.

몇 주 전에 암에 대한 진단을 받고 수술한 분의 간증을 들었습니다. 건강한 체질의 젊은 사람이 결혼을 앞두고 건강검진 시에 우연히 암으로 의심되는 악성종양을 발견하면서 수술하게 되었습니다. 그 가족들과 당사자는 청천벽력과 같은 고난 앞에 죽을 힘을 다해 한 달 동안 기도했습니다. 기도자는 물론 당사자는 염려와 걱정으로 평안을 잃어버렸습니다. 세상에 어떤 위로의 말도 참된 평안을 수술 당사자에게 주지 못했습니다.

그러나 하나님은 신실하셔서 가족들의 간절한 기도와 간구, 당사자의 소망과 기도, 그리고 담임목사의 기도로 놀라운 평안을 얻고 수술에 들어갔습니다. 수술 당일 담임목사님이 수술 전 기도를 하는데, 기도가 끝나자마자 놀라운 평안이 그 암 수술 환자에게 임했습니다. 지금까지 계속 괴롭혔던 염려와 불안들이 씻은 듯이 한 순간 사라졌습니다. 그리스도의 풍강이 요지부동하게 그 환자에게 임한 것입니다. 그래서 기쁘고 평안한 마음으로 수술에 임했고, 후에 수술 결과는 완전하여 암으로부터 해방을 받게 되었습니다. 하나님의 평안과 세상의 평안은 이렇게 다른 것입니다. 말씀을 정리하며 마치고자 합니다.

예수님은 그리스도시요 살아계신 하나님의 아들입니다. 예수님은 하나님의 아들 그리스도라는 증거로 십자가에서 우리 죄를 대신해서 피 흘려 죽으시고 죽은 자들 가운데서 부활하셨습니다. 이 예수님이 그리스도라는 복음, 십자가 대속의 죽음과 부활의 복음으로 우리 인생의 모든 문제가 처리되고 해답을 얻습니다. 이 그리스도 십자가 대속의 피의 복음으로 깊이 뿌리내리기를 기원합니다.

◆ 하나님 나라 평안은 요지부동의 평안이다

신자가 참되게 그리스도 십자가 대속의 피의 복음을 믿고 그리스도와 연합하게 되면 죄 사함을 받아 하나님과 화목하게 되어 양심의 진정한 평안을 누리며 살게 됩니다. 이 평안은 세상이 주는 평안과 다른 하나님 나라의 평안으로서 아무도 빼앗을 수 없는 요지부동의 평안입니다.

저는 이 평안을 누리며 살고 있습니다. 복음 받은 그리스도인은 인간적인 조건으로서 보호될 수 있는 인간적이며 세상적인 평안과는 하직을 고하고, 예수 그리스도의 평안이 자기 마음을 지배하도록 해야 합니다. 그럴 때 비로소 "수고하고 무거운 짐 진 자들아 다 내게로 오라 내가 너희를 쉬게 하리라"는 말씀이 참되게 자기의 소유가 될 것입니다.

참되게 그리스도 십자가 피의 복음을 받은 자는 이 하나님의 평안을 누리며 살기에 예수님의 멍에를 메고 예수님을 배우며 살아갈 것입니다. 쉽게 말하면 예수님을 믿고 예수님의 영인 성령의 인도 따라 일하고 수고하며 사는 것입니다. 이런 수고는 믿음에서 가지는 것이기 때문에 평안과 기쁨입니다. 이것이 안식인 것입니다.

이 안식을 누리며 살아야 하는 그리스도인 여러분 모두는 그리스도 십자가 대속의 죽음을 확인하며 확신하며 죄악의 문제를 해결 받고 하나님이 주시는 안식으로 살아갈 것입니다. 수고하고 무거운 짐을 주님께 맡기고 먼저 그의 나라와 의를 구하며 달려 나아갈 것입니다. 그러면 여러분에게 세상이 알지 못하는 평안으로 여러분의 인생길을 어떤 역경 속에서도 요지부동한 평안으로 인도하실 것입니다.

다 같이 한 일분 동안 "이 평안을 저에게 주십시오. 참된 죄 사함을 받게 해 주옵소서. 그리고 한 주 동안 이 하나님이 주시는 놀라운 평안으로 이 수고하고 무거운 짐을 다 주께 맡겨 버리고 젖히며 걸어가게 하여 주옵소서."

이게 행복자의 모습입니다. 기도하겠습니다.

살아계신 아버지 하나님!

하나님 은혜를 감사합니다.

이 세상에 수고하고 무거운 짐 진 자들이 전부이고 우리도 그 가운데 끼었으나, 우리 하나님의 아들 예수 그리스도께서 죄악의 짐을 전부 대신 담당함으로 인하여서 죄악으로부터 왔던 수고하고 무거운 짐이 주님께 연결되어 가고 우리가 평안을 누리게 하시오니 감사하옵나이다.

이 참된 평안이 우리 심령 속을 지배하고 다스리고 성령으로 충만, 믿음으로 충만하게 하시고, 권능으로 충만 받고 먼저 그의 나라와 그의 의를 구하며 하나님 사랑과 이웃 사랑의 계명을 실천하며 사는 전도자의 삶이 되게 하옵소서.

우리의 걸음걸음마다 가는 곳마다 평강의 하나님이 우리와 함께 하심으로 인해서 우리 가는 곳에 하나님의 아들이라 일컬음을 받는 주의 종들이 되게 하여 주옵소서.

예수 그리스도 이름으로 기도하옵나이다. 아멘.

그리스도가 주시는 평안의 복음
The Gospel of Peace Christ Gives; My Peace I Give You

"나의 평안을 너희에게 주노라 내가 너희에게 주는 것은

세상이 주는 것과 같지 아니하니라"(요 14:27).

6. 그리스도의 멍에를 메라

- 그리스도 신하로 복종하며 살라 안식을 얻을 것이다

> [28] 수고하고 무거운 짐 진 자들아 다 내게로 오라 내가 너희를 쉬게 하리라 [29] 나는 마음이 온유하고 겸손하니 나의 멍에를 메고 내게 배우라 그리하면 너희 마음이 쉼을 얻으리니 [30] 이는 내 멍에는 쉽고 내 짐은 가벼움이라 하시니라(마 11:28-30, 개역개정).

예수님은 그리스도시요 살아계신 하나님의 아들입니다. 예수님이 하나님의 아들 그리스도라는 증거로 십자가에서 우리 죄를 대신해서 피 흘려 죽으시고 죽은 자들 가운데서 부활하셨습니다. 이 예수님이 하나님의 아들, 예수님이 그리스도, 예수님이 우리 죄를 대신해서 십자가에서 피 흘려 죽으시고 죽은 자들 가운데서 부활하셨다는 복음으로 우리 인생의 모든 문제가 처리되고 해답을 얻습니다. 이 그리스도의 복음은 모든 믿는 자들에게 구원을 주시는 하나님의 능력이 됩니다. 이 복음으로 깊이 뿌리내리기를 기원합니다.

성도 여러분!

모두가 십자가에 못 박힌 그리스도를 참되게 믿고 마음 중심에 영접하여 그리스도와 함께 십자가에서 못 박혀 죽은 자가 되기를 기원합니다. 그리하여 이제는 여러분이 사는 것이 아니요 오직 여러분 안에 그리스도께서 사시는 것임을 알아야 할 것입니다.

여러분은 그리스도를 마음 중심에 영접하여 모시고 사는 자가 되었으므로 여러분은 여러분 자신을 그리스도의 종이요 신하로서 살고 그리스도의 모든 영광에 양심적으로 복종하며 그리스도의 모든 처분을 기꺼이 따라야 합니다. 예수님이 여러분의 왕이시기 때문에 그렇습니다. 이때 여러분은 예수님이 약속하시는 안식을 얻게 될 것입니다. 그리고 기쁨으로 하나님과 그의 아들 예수 그리스도를 섬기며 사는 자가 될 것입니다.

◆ 그리스도께 항복하라

얼마 전에 어느 목사님이 그분이 섬기는 신학교에서 설교를 하게 되었다고 하면서 어떻게 설교를 해야 되겠느냐고 물었습니다. 그래서 제가 말씀드렸습니다. 예수 그리스도의 복음, 십자가의 피의 복음을 중심에 두고 설교하되 신학생들에게 그리스도께 철저히 항복하라는 말씀을 전하시라고 말했습니다.

신학생들이 그리스도께 항복하고 굴복하여 그리스도의 종이요 신하가 되려고 하지 않고 목사가 되어서 무엇인가 교회를 크게 이루어보겠다는 자아성취의 꿈 속에서 살면 본인도 괴롭고 교인도 괴로울 수밖에 없습니다. 이 세상 모든 사람들이 수고하고 무거운 짐을 지고 안식과 평안이 없는 삶을 살고 있는데 그것을 신학생 자신도 해결하지 못한 상태에서 신자들을 모아 그리스도 교회를 이루고자 한다면 그리스도 왕국의 유익한 자가 될 수 없는 것입니다.

여러분 모두는 그리스도께 항복해야 합니다. 그리스

도의 명령에 양심적으로 복종해야 합니다. 자기 자아가 살아서 자아를 만족시키며 살아서는 안 됩니다. 그것은 육신의 정욕, 안목의 정욕, 이생의 자랑이라는 죄악입니다. 인간이 태초에 하나님께 범죄하여 타락한 결과 생긴 원죄입니다. 이런 원죄와 그 원죄에서 비롯된 자범죄로 인하여 인간은 세상에 살면서 수고하고 무거운 짐을 지고 살고 있는 것입니다.

성경은 이러한 벅죄로 인하여 하나님을 떠난대서 모든 인생고가 생겼고, 예수 그리스도를 믿고 영접하여 그리스도께 굴복함으로 하나님께 돌아올 때에 사죄의 길이 있고, 따라서 진정한 안식과 평안이 있다고 가르쳐줍니다.

우리 모두는 신구약 성경의 가장 큰 위로의 말씀, 예수님의 안식에로의 초청의 말씀을 또 듣도록 하겠습니다. 마태복음 11장 28-30절 말씀을 다 같이 합독하도록 하겠습니다. 이 말씀을 지금 제가 세 번째 말씀을 드리고 다음 주까지 네 번째로 말씀을 드려서 수고하고 무거운 짐 진 자들에게 참된 안식의 초청의 말씀을 정리하고자 합니다.

> 수고하고 무거운 짐 진 자들아 다 내게로 오라 내가 너희를 쉬게 하리라 나는 마음이 온유하고 겸손하니 나의 멍에를 메고 내게 배우라 그리하면 너희 마음이 쉼을 얻으리니 이는 내 멍에는 쉽고 내 짐은 가벼움이라 하시니라(마 11:28-30).

◆ 인생고는 하나님께 범죄한 결과

 모든 인생은 하나님께 범죄한 결과로 온 죄의 책임과 죄의 오염, 그리고 죄의 세력으로 인하여 저주를 받고 살고 있기 때문에 모든 인간은 단 한 사람이라도 수고와 번민이 없는 자가 없습니다. 그런데 이러한 인생고를 해결하기 위하여 하나님의 계획에 따라 이 세상에 오신 예수 그리스도께서 십자가에서 대신 죄악을 담당해 주심으로 인생 문제가 해결되었습니다. 하나님과 일체이신 예수 그리스도, 그리고 그 신성의 터 위에 그리스도 십자가 대속의 죽음을 믿는 자는 죄악의 문제를 해결 받으므로 이러한 수고와 번민의 인생고로부터 해방을 받고 안식을 얻는 것입니다. 그러므로 수고하고 무거운 짐을 진 인생들은 어서 속히 그리스도께로 와서 예수님을 신성의 그리스도, 십자가에서 못 박힌 그리스도로 믿고 참된 평안과 기쁨의 안식을 얻어야 할 것입니다.

예수님은 오늘 본문에서 분명히 말씀을 하십니다.

"수고하고 무거운 짐 진 자들아 다 내게로 오라 내가 너희를 쉬게 하리라."

예수님은 살아있는 믿음으로 자기에게 나아와 쉼을 구하는 곤고하고 지친 심령들에게 확실한 쉼을 주실 것입니다. 양심의 평안을 누리며 죄의 책임에 대한 공포로부터 해방 받으며 죄의 권세로부터도 해탕을 얻고 하나님 안에서 쉬는 것이요 하나님의 사랑 안에서 영혼의 평안을 누리는 것입니다.

이는 이 땅의 모든 하나님의 백성에게 남아 있는 안식으로서 하나님과 그리스도의 은혜 안에서 이미 시작되었고, 그리고 후에 영광 중에 완성될 것입니다. 세상에 이 안식의 은혜보다 더 귀하고 더 위대하고 소중한 것은 없습니다. 이것은 천국의 맛을 보며 사는 것이기 때문입니다.

◆ 그리스도의 멍에를 멘다는 것의 의미

그런데 예수님을 믿고도 안식을 얻지 못하는 그리스도인들이 많이 있습니다.

예수님을 믿고도 안식을 얻지 못하는 이유가 무엇입니까?

그것은 오늘 본문 29절에서 예수님이 말씀하신 조건을 따르지 않기 때문입니다. 29절을 보면 "나는 마음이 온유하고 겸손하니 나의 멍에를 메고 내게 배우라" 하셨습니다. 예수님을 믿고도 안식을 얻지 못하는 이유는 나의 멍에를 메라는 예수님의 말씀을 따르지 않기 때문인 것입니다. 그래서 "나의 멍에를 메라 그러면 쉼을 얻을 것이다." 이것이 오늘 본문의 중요 주제입니다.

그러면 그리스도의 멍에를 멘다는 말은 무슨 말입니까?

그리스도의 멍에를 멘다는 것은 우리 자신이 그리스도의 종이요 신하가 되어서 그에 따라 행동하고 그리스도의 모든 명령에 양심적으로 복종하며 그의 모든 분부를 기꺼이 따른다는 것입니다. 그것은 그리스도의 복음에 순종하고 주님께 우리 자신을 드린다는 것입니다. 이것이 그리스도의 멍에입니다.

그러므로 우리는 우리의 통치자이신 그리스도께 나가야 하고 그리스도께 우리 자신을 굴복시켜야 합니다. 예수님이 약속하시는 쉼, 혹은 안식은 죄의 곤고함에서 해방되는 것이지 하나님을 섬기는 데서 해방되는 것은 아닙니다.

우리는 이스라엘 백성들의 출애굽 사건을 보면서 이 사실을 확인합니다. 이스라엘의 출애굽 구원은 죄인이 죄와 사탄의 권세에서 해방된 구원의 모형입니다. 출애굽 전 이스라엘 백성은 바로의 멍에에서 수고와 무거운 짐을 지고 있었습니다. 이때 하나님께서 이스라엘 백성을 출애굽 시키신 것은 단순히 바로의 멍에에서 구해내는 것이 아니었습니다. 그들은 하나님의 멍에 아래로 인도받는 것이 하나님의 목적이었습니다. 하나님께서 바로에게 하신 명령, 곧 "내 백성을 보내라 그들이 나를 섬길 것이니라" 하였습니다. 출애굽기 5장 1절에 말씀하셨습니다.

> 모세와 아론이 바로에게 가서 이르되 이스라엘의 하나님 여호와께서 이렇게 말씀하시기를 내 백성을 보내라 그러면 그들이 광야에서 내 앞에 절기를 지킬 것이니라(출 5:1).

◆ 출애굽은 바로의 멍에에서 하나님의 멍에 아래 살기 위함이다

이스라엘은 출애굽 후 바로의 멍에를 벗고 그들 마음대로 사는 것이 아니었습니다. 광야에서 하나님을 섬기는 희생제사를 드리며 하나님의 멍에 아래 사는 것이었

습니다. 그리하여 이스라엘이 출애굽 후 시내 산에 도착하여 거기에 진을 쳤을 때 하나님께서는 그들에게 이렇게 말씀하셨습니다. 출애굽기 19장 4-6절을 봅시다.

> 내가 애굽 사람에게 어떻게 행하였음과 너가 어떻게 독수리 날개로 너희를 업어 내게로 인도하였음을 너희가 보았느니라 세계가 다 내게 속하였나니 너희가 내 말을 잘 듣고 내 언약을 지키면 너희는 모든 민족 중에서 내 소유가 되겠고 너희가 내게 대하여 제사장 나라가 되며 거룩한 백성이 되리라 너는 이 말을 이스라엘 자손에게 전할지니라(출 19:4-6).

하나님께서는 이스라엘을 자기 멍에 아래로 모으기 위하여 애굽에서 인도해냈던 것입니다. 그들은 독수리 날개에 업혀 하나님께로 왔습니다. 이는 하나님께서 이스라엘을 하나님의 거룩한 백성으로 삼아 그들이 하나님을 제사장 나라로 섬기기 위해 바로의 땅에서 구원하여 하나님의 멍에로 인도하신 것입니다. 이스라엘이 하나님의 멍에 아래 있어서 하나님을 섬길 때 그들은 모든 민족 중에서 하나님의 소유가 되고 제사장 나라가 되며 거룩한 백성으로 진정한 자유자가 될 수 있었습니다.

이스라엘의 출애굽 사건은 하나님께서 예수 그리스도를 통하여 수행하실 구원 사역의 그림자였습니다. 우리 주 예수 그리스도께서는 우리를 죄에서 구원하시기 위해서 하나님 아버지의 구원 계획에 따라 이 세상에 오셔서 친히 율법의 멍에를 메고 하나님께 순종하셨고, 또 십자가에서 우리 죄를 대신해서 죽임을 당하셨습니다. 예수님은 우리보다 먼저 하나님께서 지정하신 순종의 멍에를 친히 메셨던 것입니다.

그리하여 우리가 그리스도의 십자가의 대속의 공로를 믿고 죄악의 문제를 해결할 때 안식에 들어가지만 동시에 우리의 목에 그리스도의 멍에를 메고 그리스도의 인도를 받을 때 진정한 안식이 오는 것입니다.

◆ 하나님을 섬길 때 안식이 온다

다시 말씀드리거니와 하나님과 우리 주 그리스도께서 약속하시는 안식은 죄의 곤고함에서 해방되는 것으로 끝나는 것이 아니라 하나님을 섬길 때 안식이 오는 것입니다. 곧 그리스도의 멍에를 메고 하나님께 예배하고 하나님과 그리스도께 순종하고 그리스도의 교회를 섬길 때 안식이 오는 것입니다.

그러므로 만일 사람이 그리스도의 멍에를 거부하면 결국 사람을 멸망케 하는 불경건의 멍에를 메게 됩니다. 그것은 자신의 무서운 정욕의 멍에를 메게 되는 것입니다. 이것은 결국 인간의 타락한 범죄로 인한 멍에이기 때문에 실로 수고하고 무거운 짐을 그대로 지고 가는 쉼이 없는 삶이 되는 것입니다.

지난 주에 제가 이제 몇 주 후 결혼할 젊은 부부와 또 결혼 후 얼마 안 되는 젊은 부부를 향하여 지금이 가장 행복한 때니 싸우지 말고 행복을 누리며 살라고 말했습니다. 그리고 서로 사랑하며 살기에도 바쁜데 무슨 싸움이냐고 말했습니다. 오늘 부부의 날에 이 말씀이 여러분에게 증거되기를 기원합니다. 물론 그들을 격려하고 믿음으로 살고 서로가 그리스도의 멍에를 메고 순종의 삶을 살므로 진정한 평안과 안식의 행복을 얻으라고 한 말이었습니다. 그런데 이때 제 말을 옆에서 듣던 한 권사님이 이렇게 모두 들으라고 크게 말했습니다.

"저는 지금이 가장 행복한 데요."

저는 그 권사님의 말이 또한 맞다고 믿습니다. 그 권사님은 지금 그리스도의 멍에를 메고 그리스도의 종으로서 기쁘고 순종하며 그리스도의 교회를 매우 바쁘게 섬기고 있으니 그 권사님은 예수님이 약속하신 안식을 참되게 누릴 수 있는 자격자였기 때문입니다. 그분이 태만하여 교회에서 주신 멍에를 안 메었다면 안식이 없습니다.

우리 주 그리스도께서는 우리의 머리에 면류관을 씌우시기도 하지만, 동시에 우리 목에 멍에를 메게 하신 것입니다. 우리는 그리스도의 멍에를 메고 그리스도의 인도하심을 받아야 합니다. 그리스도의 멍에를 멘다는 것은 앞서 말씀드린 대로 우리 자신을 그리스도의 종이요 신하로 처신하고 그리스도의 모든 명령에 양심적으로 복종하며 따른다는 것입니다.

그런데 우리는 이미 수고하고 무거운 짐 진 자들을 불러서 그들에게 그리스도의 멍에를 메게 한다는 것은 이미 괴로움 중에 있는 자들에게 괴로움을 더해 주는 것처럼 보입니다. 그러나 그렇지 않습니다.

◆ 예수님의 멍에는 쉽다. 성령님이 일하시기 때문이다

예수님은 말씀하시기를 "이는 내 멍에는 쉽고 내 짐은 가벼움이라" 하셨기 때문입니다. 이 말씀은 전체적으로 볼 때 이렇게 말씀하시는 것과 같습니다.

> 너희는 지금 너희를 곤고하고 지치게 만드는 멍에를 메고 있다. 그것을 벗어버리고 나의 멍에를 메라 그러면 가벼워질 것이다.

그리스도의 명령이라는 멍에는 쉽습니다. 그것은 쉬울 뿐만 아니라 은혜롭습니다. 그리스도의 멍에는 손쉽고 유쾌합니다. 우리 몸을 쑤시게 하는 것도 아니고 상처를 주는 것도 아닙니다. 오히려 그리스도의 멍에는 우리를 새롭게 하는 것입니다. 그리스도의 멍에는 그리스도의 성령이 일하시기 때문입니다. 그리스도의 성령은 우리 마음을 그리스도의 명령과 지시에 기쁘게 복종하게 하며 기쁘게 따르도록 은혜를 베푸십니다. 이 멍에는 하나님과 그리스도의 십자가의 피의 사랑이 함께 연결되어 있습니다.

하나님의 성령께서는 하나님의 십자가 사랑과 은총에 대한 생생한 확신을 십자가에 못 박힌 그리스도를 참되게 믿는 자에게 주십니다. 하나님의 은총에 대한 이러한 지식과 확신은 하나님의 모든 피조물을 대할 때에 복음 받은 우리로 하여금 기쁘고 대담하고 행복하게 만듭니다. 이것은 모두 성령님께서 신앙 가운데서 행하는 역사입니다.

그러므로 그리스도의 멍에를 멘다는 것은 그리스도

의 성령으로 우리와 더불어 이 멍에를 지는 것입니다. 성령님은 우리가 그리스도의 멍에를 메도록 우리 연약함을 도우시는 것입니다. 그래서 예수님은 내 멍에는 쉽다고 말씀하셨습니다. 이것은 일반 은총의 영역에서도 발견할 수 있는 현상입니다.

여러분은 마라톤을 하는 선수가 극한 상황에서 느끼는 황홀 상태를 들어보셨습니까?

이것을 마라톤 선수의 황홀 상태라고 부릅니다. 그런데 인간들이 남을 돕고 섬길 때도 봉사자의 황홀 상태가 나타납니다. 남을 돕고 섬길 때 우리 뇌에서는 도파민이라는 화학물질이 활발하게 분비된다고 합니다. 이 도파민은 특정 마약이나 중독성이 있는 행동을 할 때 분비되는 것으로 황홀한 느낌을 유발합니다. 봉사자들이 "남을 위해 봉사하면 제 기분이 오히려 좋아져요"라고 말하는 데는 본인들도 모르는 과학적 근거가 있었던 것입니다.

◆ 봉사자의 황홀 상태

하물며 우리 몸과 영혼을 창조하시고 몸의 기능을 만드신 하나님께서 이 사실을 모르실 리가 없습니다. 하나님은 그 아들 예수 그리스도를 믿는 믿음 안에서 이러한 봉사자의 황홀 상태를 성령으로 말미암아 자연스럽게 일으키시는 것입니다. 그리하여 그리스도의 명령이라는 멍에는 쉬운 것입니다. 쉬울 뿐만 아니라 은혜롭고 유쾌하고 기쁜 것입니다. 여러분들이 교회 예배를 드리고 나서 여기서 교회의 필요한 봉사를 다하고 집으로 돌아가면 그것이 고통이 아니라 기쁨과 즐거움과 유쾌함을 얻는다는 것입니다.

또 예수님은 그리스도의 십자가의 짐은 가볍다고 하셨습니다.

"내 짐은 가벼움이라."

그리스도의 십자가 짐은 매우 가볍습니다. 우리 그리스도인으로서 그리스도를 위하여 괴로움을 당하게 되는데, 이 짐 자체는 즐겁지 않고 괴로운 것이 사실입니다. 그러나 그것이 그리스도의 짐임으로 가벼운 것입니다. 사도 바울은 누구 못지않게 이 점을 잘 알고 있었습니다. 그래서 그는 고린도후서 4장 17절에서 말합니다.

> 우리가 잠시 받는 환난의 경한 것이 지극히 크고 영원한 영광의 중한 것을 우리에게 이루게 함이니 (고후 4:17).

바울은 환난을 경한 것, 곧 가벼운 것이라고 하였습니다. 그것은 하나님의 임재, 그리스도의 동정, 그리고 성령의 도우심과 위로가 그리스도를 위하여 당하는 고난을 쉽고 가볍게 해 주기 때문입니다. 환난이 사방에 가득하고 오랫동안 지속되나 위로도 그만큼 사방에 가득하고 오랫동안 지속되는 것입니다.

그러므로 이 사실을 확신하고 그리스도를 위하여 스고하고 고난을 당하면서 겪는 어려움들을 이기고 각가지 실망스러운 일들을 당할 때 도움을 얻어야 할 것입니다. 우리가 그리스도를 위하여 모든 것을 잃어버린다고 할지라도 그리스도께서 우리에게 모든 것을 잃어버리게 하시지는 않습니다.

◆ 제 인생 40년의 인생역정에서 확인

저는 제 인생 40년의 신앙역정을 돌아보면서 제 삶의 모든 영역에서 이 사실을 확인하고 있습니다. 제가 군인이었기 때문에 진급 문제, 공부하는 것, 제가 가진 작으나마 갖고 있는 재산, 제가 만나는 사람들 속에서 인간적으로 수고하고 무거운 짐을 진 자 같았으나, 제가 그리스도께로 가서 그리스도의 멍에를 메고 그리스도를 따랐을 때 제 마음은 항상 쉼을 얻었으며, 제 멍에는 쉽고 제 짐은 가벼웠습니다.

지금도 좀 과장을 하면 날아가는 새같이 자유롭습니다. 모든 영광을 하나님과 그리스도께 돌려드립니다. '그리스도께서 내게 주신 은혜를 무엇으로 보답할꼬!' 하며 제가 살아가고 있습니다. 말씀을 정리하며 마치고자 합니다.

예수님은 그리스도시요 살아계신 하나님의 아들입니다. 예수님이 하나님의 아들 그리스도라는 증거로 십자가에서 우리 죄를 대신해서 피 흘려 죽으시고 죽은 자들 가운데서 부활하셨습니다. 이 예수님이 하나님의 아들, 예수님이 그리스도, 십자가 대속의 죽음과 부활의 복음으로 우리 인생의 모든 문제가 처리되고 해답을 얻습니다. 이 십자가 대속의 피의 복음으로 깊이 뿌리내리기를 기원합니다.

그리스도의 복음을 받고 사는 여러분은 세상이 알지 못하는 평안과 안식을 누리며 사는 행복자입니다. 세상의 모든 사람이 다 나없이 수고하고 무거운 짐 진 자들입니다. 남녀노소, 빈부귀천, 인종과 국가의 차별 없이 모든 인생들은 수고하고 무거운 짐을 지고 사는 자들입니다. 그것은 인생이 하나님께 범죄한 결과로 온 죄의 책임과 죄의 오염, 죄의 세력으로 인하여 저주를 받고 살고 있기 때문에 모든 인간은 단 한 사람이라도 수고와 번민이 없는 자가 없습니다. 그런데 이러한 인생고를 해결하기 위하여 하나님의 계획에 따라 이 세상에 오신 그리스도께서 십자가에서 대신 죄악을 담당해 주심으로 인생 문제가 해결되었습니다. 인생들은 이제 예수 그리스도를 믿는 신앙으로 말미암아 죄악 문제를 해결함으로 안식에 들어갑니다.

◆ 그리스도의 멍에를 멜 때 안식을 얻는다

그래서 예수님은 "수고하고 무거운 짐진 자들아 다 내게로 오라 내가 너희를 쉬게 하리라"고 안식에 초청을 하셨습니다. 그런데 오늘날 이 예수님을 믿고도 안식을 얻지 못하는 그리스도인들이 많습니다. 그 이유는 예수님께 온 자는 예수님의 멍에, 그리스도의 멍에를 메고 그리스도에게서 배워야 하는데, 그들이 그리스도의 멍에를 메지 않기 때문에 진정한 안식을 못 얻고 있는 것입니다. 여기서 그리스도의 멍에를 멘다는 것은 앞서 말씀드린 대로 우리 자신이 그리스도의 종이요 그리스도의 신하가 되어서 그에 따라 행동하고 그리스도의 모든 명령에 양심적으로 복종하며 그의 모든 분부를 기꺼이 따른다는 것입니다.

그것은 그리스도의 복음에 순종하고 주님께 우리 자신을 드린다는 것입니다. 이것이 그리스도의 멍에입니다. 우리 모두는 그리스도께 순종하고 항복해야 합니다. 그럴 때 우리는 진정한 평안과 안식을 얻게 될 것입니다.

예수님은 말씀하셨습니다.

"나의 멍에를 메고 내게 배우라 그리하면 너희 마음이 쉼을 얻으리라."

분명히 약속하셨습니다. 이때 우리는 그리스도의 멍에가 어렵고 무거울 것을 걱정할 필요가 없습니다. 예수님은 약속했습니다.

"내 멍에는 쉽고 내 짐은 가벼움이라."

만일 예수님의 멍에가 쉽지 않고 예수님의 짐이 가볍지 않다면 우리가 어떻게 안식을 할 수 있겠습니까?

예수님은 우리와 함께 그의 성령으로 멍에를 지시기에 예수님의 멍에는 쉬운 것입니다. 그래서 중세 교부

어거스틴은 예수님의 짐은 지는 자에게 무거운 짐이 아니라 날을 수 있는 날개가 된다고까지 말했습니다.

우리 모두는 수고하고 무거운 짐을 진 자들입니다. 다 예수님께 와야 합니다. 그리고 그리스도의 멍에를 메야 합니다. 그리스도께 복종하고 항복해야 합니다. 그럴 때 진정한 평안과 안식을 얻을 것입니다. 세상에 이러한 평안과 안식보다 더 좋은 것은 없습니다. 그것은 곧 천국의 삶이기 때문입니다. 기도하겠습니다.

여러분! 믿음으로 충만, 그리스도로 충만, 성령으로 충만 받고 그리스도께 완전 항복하고 세상에 나아가서 주님이 우리에게 주신 명령, 하나님 사랑과 이웃 사랑의 전도자로 살 것입니다. 진정한 안식을 얻으며 영광스러운 삶을 살게 될 것입니다.

우리 합심해서 한 일 분 기도하겠습니다. 확실히 그리스도 앞에 항복을 하고 십자가에 못 박힌 자가 된 것을 확신하면서 믿음으로 충만, 성령으로 충만 받고 주님이 주신 하나님 사랑과 이웃 사랑의 계명을 실천해서 진정한 안식을 얻는 자들이 되기를 기원합니다.

살아계신 아버지 하나님!

하나님 은혜에 감사합니다.

예수님이 십자가에 못 박힌 그리스도를 믿는다고 하는 것은 그리스도와 더불어 십자가에 못 박아 죽었다는 것을 의미합니다.

이제 그리스도 앞에 참되게 굴복해서 그리스도와 더불어 십자가에 못 박아 죽어버린 자가 되었습니다. 이제는 내가 철저하게 그리스도께 순복하면서 굴복하면서 사는 자가 되고자 합니다.

그리스도께서 주시는 명령을 따라서 하나님 사랑과 이웃 사랑의 계명을 실천하는 전도자로 살아가고자 할 때에 우리 주님께서 말할 수 없는 평안과 안식을 주신 것을 감사하옵나이다.

이 귀한 안식과 평안과 이 세상에 수고하고 무거운 짐 진 자들에게 증거하는 증인의 발걸음이 되도록 저들 위에 성령을 부으시고 은혜를 부으시고 믿음으로 충만, 성령으로 충만, 권능으로 충만 받게 하여 주옵소서.

예수 그리스도 이름으로 기도하옵나이다. 아멘.

그리스도가 주시는 평안의 복음
The Gospel of Peace Christ Gives; My Peace I Give You

"나의 평안을 너희에게 주노라 내가 너희에게 주는 것은 세상이 주는 것과 같지 아니하니라"(요 14:27).

7. 내게 배우라. 쉼을 얻으리라

- 그리스도의 온유하고 겸손한 마음을 배우라

> [28] 수고하고 무거운 짐 진 자들아 다 내게로 오라 내가 너희를 쉬게 하리라 [29] 나는 마음이 온유하고 겸손하니 나의 멍에를 메고 내게 배우라 그리하면 너희 마음이 쉼을 얻으리니 [30] 이는 내 멍에는 쉽고 내 짐은 가벼움이라 하시니라 (마 11:28-30, 개역개정).

예수님은 그리스도시요 살아계신 하나님의 아들입니다. 예수님이 하나님의 아들 그리스도라는 증거로 십자가에서 우리 죄를 대신해서 피 흘려 죽으시고 죽은 자들 가운데서 부활하셨습니다. 이 예수님이 하나님의 아들, 예수님이 그리스도, 예수님이 십자가에서 우리 죄를 대신해서 죽음을 당하시고 부활하셨다는 복음으로 우리 인생의 모든 문제가 처리되고 해답을 얻습니다. 이 복음은 모든 믿는 자에게 구원을 주시는 하나님의 능력이 되기 때문입니다. 이 십자가 대속의 피의 복음으로 깊이 뿌리내리기를 기원합니다.

여러분 모두가 이 그리스도 십자가 대속의 피의 복음에 깊이 뿌리를 내려서 예수님을 왕 되신 그리스도로 믿고 마음 중심에 영접하여 그분의 신하로서 온전히 순종하며 살고 그분께 배우며 그분께서 명령하신 세계복음화의 사명을 따라 살기를 간절히 기원합니다. 그럴 때 여러분은 세상에서 맛보지 못할 하나님 나라의 평안을 맛보며 사는 자가 될 것입니다. 여기에 인생의 가장 큰 행복이 있습니다. 이 평안을 못 얻어서 부와 명예와 미모와 건강을 가졌어도 자살합니다.

◆ 평안이 없는 유명인사들의 불행

유명한 미국 여배우 마릴린 먼로가 36세에 수면제 과용으로 죽었습니다. 더 유명한 팝 가수 마이클 잭슨은 51세에 이 평안이 없어 수면제 대용으로 마취제 프

로포폴을 과다하게 주사 맞다가 죽음에 이르렀습니다. 모든 인생은 하나님께 범죄한 결과로 온 죄의 책임과 죄의 오염, 그리고 죄의 세력으로 인하여 저주를 받고 살고 있기 때문에 모든 인간은 단 한 사람이라도 수고와 번민이 없는 자가 없습니다.

그래서 예수를 안 믿고 믿고는 둘째로 두고 사람마다 평안을 구하려고 애를 쓰고, 또 다소간 어떠한 방법으로든지 평안을 얻어서 살고 있습니다. 사람은 자기 생활이나 자기 마음에 어느 정도의 평안을 얻지 못하면 살 수가 없습니다. 그리하여 그들 나름대로의 평안의 방법을 얻어 가지고 살아가고 있습니다. 이렇게 사람들은 각각 자기의 평안을 유지하는 방법이 다 있어서 그것을 가지고 살아가는 것입니다.

그런데 한 자연인이 그리스도인이 되었을 때 믿음으로 산다고 하면 자기 자신이 그리스도께서 약속하신 대로 그리스도의 속죄의 공로로 하나님과 자기 사이의 화목과 평안을 주셨다고 하셨으니 과연 그것이 자기에게 작용하는 평안인지 아닌지에 대해서 진실하게 자신에게 물어보아야 합니다. 왜냐하면 그리스도인이 되기 전에 옛날의 인간으로서 가지고 있던 일반적인 방법과 상식적인 방법에 의한 인간적인 평안을 과거와 같이 그대로 유지하면서 살 수도 있기 때문입니다.

가령 예수님을 안 믿는 사람이라도 극단의 행동이나 무식한 일이나 몰상식한 일을 하지 않고 건전한 중용의 생활을 해가는 사람들은 그것으로부터 만족하고 고요한 가운데 살아가는 것입니다. 특별히 많은 욕심을 부리고 뭘 자꾸 해보려고 하다가 넘어지니까 문제가 생기지 욕심을 안 부리고 자기가 가지고 있는 조그만 평안이라면 그런 평안만이라도 고요히 유지하고 살아가려고 절제하는 사람들의 생활을 보면 그런 사람이 행복한 것같이 보입니다.

◆ 하나님 나라 평안이 지배해야 한다

그런데 어떤 사람이 그런 생활을 하다가 예수님을 믿고 구원에 관한 십자가의 도를 참되게 믿고 그리스도인이 되었다고 합시다.

그때 그 그리스도인이 속죄의 공로로 마음속에 오신 성령님이 주신 변화로 평안과 자유를 누리며 사는가?

아니면 옛날 방식대로 얻은 평안으로 사는가?

반드시 구분해야 합니다.

요컨대 하나님 나라의 평안이 자기를 지배하고 있는가?

아니면 인간적인 방법, 즉 일반적인 이치를 따라 자기를 유지하게 하는 헛된 평안이 자기를 항상 지배하고 있는가를 명확하게 반성하고 구분해보면서 생활을 해야 하는 것입니다.

하나님 나라는 기본적으로 평안과 희락이 두 기둥입니다. 하나님의 성령으로 말미암아 의와 평강과 희락이 늘 나타나는 것입니다. 그래서 마음에 평안을 얻는다는 것은 하나님 나라 안에서 하나님을 대할 때 마음 가운데 기쁨과 함께 곁들여지는 평안인 것입니다. 그럴 때 '아! 하나님 나라의 상태가 이런 것이구나!' 하고 느낄 수가 있습니다.

그리고 어느 때 이런 것이 더욱 분명하고 확실하게 나타나느냐 하면 세상이 가지고 있는 평안이 다 뒤집어지는 날에도 그 평안은 그대로 유지된다는 데에서 드러납니다. 자신에게 건강과 지식이 있고, 사회적 지위가 있으며, 재산도 있고, 자녀들도 잘 되고, 남들도 다 자기를 존경해 준다면 그만큼 평안할 것입니다. 그러나 이런 것들은 그 어느 것이든지 다 부서질 수 있는 것들입니다.

하나님께서 한 번 건강을 뺏앗는다면 아무리 평안을 얻어 보려고 해도 어떻게 할 재주가 없는 것입니다. 돈을 아무리 많이 들여서 병원에 가서 입원을 하고 산다고 하더라도 어떻게 할 재주가 없습니다.

또한 어떤 사람이 삶에 있어서 중용을 지키고 평안을 유지한다고 하더라도 어떤 문제로 갑자기 가정이 파괴될 수 있고 개인의 건강도 없어질 수 있고, 재산도 하루 저녁에 달아날 수도 있습니다. 또 자기가 아무리 잘 유지하려고 해도 갑자기 전쟁이 나서 어디로 피난을 했는데 폭탄이 떨어져 자기 전 재산이 불에 타서 없어졌다면 당장에라도 돌아봐도 어떻게 할 수가 없습니다. 이런 경우는 어쩌다 있는 일이라고 말할 수도 있겠지만, 하나님의 섭리는 다양하고 무한합니다. 아무것도 믿을 것이 없는 사람이 그저 막연한 세상, 막연한 공기를 믿고 살면서 하나님을 만홀히 여기고 나에게는 '불행이 안 온다' 하는 태도는 실로 위험하고 또한 어리석은 것입니다.

◆ 평안의 근원, 하나님과 예수 그리스도

우리가 어떻게 평안을 가질 수 있는가?
평안의 근원이 있습니다. 하나님과 그 아들 예수 그리스도가 평안의 주인이십니다. 그리스도께로 가서 그분께 복종하고 배우며 그가 주신 세계복음화의 사명대로 살아야 평안을 얻으며, 이 평안은 세상이 주는 평안과 전혀 다른 것입니다. 곧 하나님 나라의 평안입니다. 오늘 예수님은 이 하나님 나라의 평안으로 우리를 초청하고 계십니다.

본문 마태복음 11장 28-30절을 또 한 번 다 같이 합독하도록 하겠습니다.

> 수고하고 무거운 짐 진 자들아 다 내게로 오라 내가 너희를 쉬게 하리라 나는 마음이 온유하고 겸손하니 나의 멍에를 메고 내게 배우라 그리하면 너희 마음이 쉼을 얻으리니 이는 내 멍에는 쉽고 내 짐은 가벼움이라 하시니라(마 11:28-30).

우리는 지금까지 이 본문으로 세 번의 설교 말씀을 들었습니다.

첫째, 수고하고 무거운 짐 진 자의 성격에 대해서 들었습니다.

인간이 어떻게 하여 수고하고 무거운 짐들이 있게 되었느냐 하는 문제였습니다. 물론 태초에 인간의 대표인 아담과 하와의 범죄 때문에 오는 죄책과 죄의 오염, 그리고 죄의 세력에 인간이 매인바 되어 수고하고 무거운 짐을 지게 되었습니다. 그러므로 인간은 예수님을 믿는 신앙으로 말미암아 죄악의 문제를 해결할 때에 하나님 나라의 평강에 들어가게 됩니다.

둘째, 하나님 나라의 평안과 세상의 평안에 대한 설교를 들었습니다.

예수님은 수고하고 무거운 짐 진 자들에게 이 하나님 나라의 평안을 약속하고 초청한 것입니다. 예수님을 신성의 하나님의 아들 그리스도로 믿고 십자가에서 죄악을 담당하신 구주 그리스도로 믿을 때에 하나님 나라의 평안을 얻게 된다는 것입니다. 이 하나님 나라 평안은 세상 평안과 다른 것이었습니다. 예수님이 주시는 평안은 세상이 주는 평안과 다른 하나님 나라의 평안으로서 아무도 빼앗을 수 없는 요지부동의 평안입니다. 예수님을 믿는 여러분 모두는 이 하나님 나라의 평안을 얻고 살아갈 권리가 있습니다.

셋째, 그리스도의 멍에를 메라는 설교였습니다.

참되게 예수님을 믿고도 예수님이 약속하신 안식을 얻지 못하는 그리스도인이 많습니다. 그 이유는 예수님이 말씀하신 조건을 따르지 않기 때문입니다. 예수님이 "나는 마음이 온유하고 겸손하니 나의 멍에를 메고 내게 배우라" 하신 말씀을 따르지 않기 때문입니다. 예수님은 자기를 믿고 안식을 얻는 조건으로 두 가지를 말씀하셨습니다. 하나는 "나의 멍에를 메라"와 또 하나는 "내게 배우라"입니다.

◆ 그리스도의 멍에를 메는 두 가지 조건

우리가 그리스도의 멍에를 멘다는 것은 우리 자신이 그리스도의 종이요 신하가 되어서 그에 따라 행동하고 그리스도의 모든 명령에 양심적으로 복종하며 그의 모든 지시를 기꺼이 따른다는 것이었습니다. 그리스도인은 그리스도께 복종하고 그리스도께서 주신 사명을 지고 가야 한다는 것입니다. 그래야 그리스도인은 비로소 하나님 나라의 진정한 평안을 누릴 수 있습니다. 그리고 또 하나의 조건이 있습니다. 그것은 "나는 마음이 온유하고 겸손하니 내게 배우라"는 것이었습니다.

그러므로 예수님께 배워야 하는 것은 두 가지입니

다. 하나는 예수님의 마음을 배우라는 것이고, 그 다음에는 예수님의 멍에를 지고 가는 것을 배우라는 것입니다. 이것은 예수님을 믿는 우리가 먼저 어떤 사람이 되어야 할 것이냐 하는 문제이고, 그 다음에는 무엇을 해야 할 것이냐는 문제를 표현한 말씀으로 이해할 수가 있습니다. 그리스도의 온유하고 겸손한 마음을 배워서 예수님의 멍에, 곧 우리에게 주신 세계복음화의 사명을 지고 가라는 것입니다. 이런 자에게 예수님은 하나님 나라의 평안을 주겠다는 약속인 것입니다.

우리는 오늘 본문에서 예수님의 말씀, "나는 마음이 온유하고 겸손하니 나의 멍에를 메고 내게 배우라"는 말씀을 구체적으로 배우고자 합니다. 특별히 "나의 멍에를 메고"는 지난 번에 들었기에 "나는 마음이 온유하고 겸손하니 내게 배우라"는 이 말씀을 중심으로 해서 오늘 우리는 진리의 말씀을 듣고 안식을 얻어야겠습니다.

◆ 날마다 그리스도의 말씀과 성령을 통해 배워
  야 한다

우리 모두는 그리스도의 학교에 들어가 날마다 그리스도의 말씀과 성령을 통해 우리에게 주시는 교훈들을 받고 배워야 합니다. 특히 온유와 겸손을 배워야 합니다. 우리를 그리스도와 전혀 다르게 만드는 우리의 교만과 격노하는 것을 죽여야 합니다.

어떻게 그것을 죽일 수가 있습니까?

우리는 그리스도와 함께 날마다 십자가에 못 박혀 죽어야 합니다. 이것은 오직 그리스도를 믿는 믿음으로 가능하고 믿음과 함께 역사하시는 성령의 능력으로 가능합니다.

동시에 그리스도인은 자신이 억만 죄인이라는 사실을 바로 깨달아야 합니다. 죄의 용서는 한 번으로 지나치는 일이나 행동이 아닙니다. 항구적인 연속의 것입니다. 우리는 항시 사죄 받으며 사는 것입니다. 어떤 사람들은 '예수 믿었으니까 죄가 끝났다' 하는데 그렇지 않습니다. 그리스도는 언제나 우리를 죄로부터 해방시켜주시는 분으로서 구세주로 불리며 우리의 죄를 씻으심으로 우리에게 죄에서 자유케 하는 신선한 해방감과 놀라운 평안을 맛브며 살게 하는 것입니다. 오늘날 현대 교회가 잘못된 이유 가운데 하나는 인간이 전적으로 죄인이라는 사실을 망각하기 때문입니다.

◆ 구약의 안식과 신약의 안식의 차이

또 우리가 예수님으로부터 배워야 할 중요한 교훈은 구약의 안식과 신약 시대 안식의 차이입니다. 오늘날 일부 교회 지도자들이 그리스도께서 약속하신 하나님 나라의 평안이라는 안식 대신에 구약적 안식의 방법을 강조하여 제7일 안식을 강조한다는 것입니다.

구약 시대 안식일 제도는 하나님이 6일간 천지를 창조하시고 제7일에 안식하시며 지으신 피조물을 축복하신데서 기원했습니다. 이것은 출애굽기 20장 11절에 성문 율법으로 주어졌으며 창조적 의미의 안식이라고 볼 수 있습니다.

그러나 신명기 5장 15절에서는 이스라엘의 구속인 출애굽을 기억하여 안식일을 지키라고 명령했습니다. 이 명령은 죄의 속박에 대한 구속으로 안식이 완성될 것을 예표한 구속적 의미의 안식이라고 볼 수 있습니다. 과연 죄악 세상에서 진정한 출애굽이라고 할 수 있는 그리스도 십자가의 대속의 구원은 죄악 세력을 정복한 진정한 안식을 가져오게 한 것이었습니다.

그러므로 구약의 안식일인 토요일은 신약 시대 죄악을 정복하시고 부활하신 주의 날로 바뀌었습니다. 이것은 구약 시대 동물제사로 드린 희생제사만으로는 완전한 속죄를 가져다줄 수 없었기 때문에 칭의는 불완전했던 것입니다. 그리고 신자들에 대한 위로도 여전히 미약했고, 그들의 양심은 아직 진정한 안식을 누리지 못하였습니다. 마음의 할례는 구약에서 약속되었으나, 신약에서 그리스도 십자가 대속의 은총으로 비로소 제공되었습니다.

한마디로 구약에서의 구원은 객관적으로 십자가에

못 박힌 그리스도를 통해서 얻은 신약의 구원보다 더 대수롭지 않은 것이었습니다. 그러므로 구대인 학자들이 쓴 안식은 구약의 범주를 벗어나지 못한 것이며, 대부분이 외적인 쉼에 대한 초점을 맞추고 있는 것입니다. 이들의 견해를 본받아서 일부 현대 신학자들 혹은 목회자들이 설명하고자 하는데 이런 안식의 비밀은 구약적 안식과 신약적 안식의 비밀을 잘 모르는 처사인 것입니다. 신약 시대 안식의 주인공 되신 그리스도께서 오신 참된 안식은 본질적으로 십자가에 못 박힌 그리스도를 믿는 신앙으로 말미암아 죄악의 문제를 해결할 때 안식에 들어가는 것입니다.

오늘날 유대인식 교육법이나 자녀양육 등이 인기입니다. 이러한 안식 문제까지도 유대인식으로 따르고자 하는 것은 신학의 부재입니다.

이런 사람은 그리스도와 함께 십자가에서 못 박혀 죽고 그리스도께 온전히 복종하고 순종함에서 오는 죄 사함의 신선함과 자유, 그리고 해방감, 그리고 평강과 행복을 모르는 것입니다. 여러분이 십자가에 못 박힌 그리스도를 믿을 때에 여러분 안에 신선하고 참된 해방감과 자유를 얻는 것입니다.

우리 그리스도인들이 이것을 맛보지 못한다 이 말입니다. 예수 그리스도의 십자가의 보혈 속에 자유와 평안이 다 들어 있다는 진리를 체험하지 못하는 답답함 속에서 사는 것입니다. 이들은 빨리 주님의 바른 교훈을 배워야 합니다.

◆ 전진하는 신앙을 가지라

또 오늘날 예수님의 멍에를 메고 예수님께 바르게 배워야 할 그리스도인들 중에 이것을 오해하여 자기들 방식대로 평안을 얻고 사는 그리스도인들이 많이 있습니다.

예수님을 믿고 중생을 하고 예수님의 교훈대로 그리스도의 멍에를 메고 그리스도께 배워야 할 당연한 의무를 진 사람들인데도 다만 예수 믿고 천당 간다는 정도 안에서 믿고 그 이상은 절대 전진하지 않는 신자들이 그리스도의 교회에 많습니다.

자기는 예수 믿고 천당갈 만큼단 믿지 그 이상 유별나게 잘 믿을 것이 없다고 생각하는 것입니다. 너무 잘 믿으면 요구사항이 많아 마음이 분주하여 평안을 얻지 못할 것으로 보아서 깊이 들어가지 말고 적당한 상태에서 믿고자 합니다. 부부간에도 그렇습니다. 한 사람이 깊이 들어가면 '저 사람이 미쳤나!' 하고는 못 들어가게 하고 자기오- 적당하-게 예수 믿고 살고자 합니다.

이러한 신자들의 생각은 예수님께서 자기를 지옥에서 건져주었다는 것을 그런 은혜만을 감사하지만, 예수님께서 지금 요구하는 그리스도의 멍에를 메고 그리스도께 배우라는 요구는 나중에 죽을 때쯤 되어서 하겠다는 투입니다. '나중에 돈도 많이 벌고 지위도 올라가 헌금을 많이 내고 큰 봉사를 하겠으니 지금은 잘 봐주세요' 하는 것입니다.

이런 사람들은 끝코 예수님이 주시는 안식, 하나님 나라의 평안은 얻을 수가 없습니다. 이런 사람들은 불신자들이 얻는 정도의 안정 속에 살게 됩니다. 가령 불

신자라 하더라도 항상 마음이 물 끓듯이 끓고만 있는 것은 아닙니다. 불신자라도 자기 마음 가운데 어느 정도 안정을 누리고 살지만, 그러나 그것이 예수님께서 말씀하시는 "내가 너희를 쉬게 하리라"고 하신 그 안식은 아닙니다.

예수님께서 "내가 너희를 쉬게 하리라" 할 때 요구하는 것은 앞서 말씀대로 두 가지입니다. 예수님의 마음을 배우고 예수님의 멍에를 메는 것이었습니다. 예수님이 요구대로 살 때 예수님이 주시는 진정한 안식, 하나님 나라의 평안을 얻는 것입니다. 이러한 그리스도의 평안은 그리스도인이 위기에 처할 때 그 증거가 나타납니다. 사람의 평안은 모두 무너질 수밖에 없는 때에도 신자의 마음 가운데 그리스도의 평안이 그 신자를 요지부동으로 지배한다는 것입니다. 이런 체험을 하게 된 그리스도인은 절대적으로 그리스도의 멍에를 메고 그리스도께 배우는 것입니다.

◆ 교회 공동체 안에서 봉사하며 예배 시에 안식 얻는다

또 그리스도의 멍에를 메고 그리스도께 배운다고 할 때 다수의 신자는 그리스도 교회 공동체 안에서 함께 봉사하며 예배하면서 안식을 얻습니다. 이때 그리스도 교회 공동체와 함께 하지 않고 개인적으로, 즉 분리된 지체로서 제멋대로 살아가면 진정한 그리스도의 안식을 얻을 수가 없습니다. 예수님은 그리스도의 교회를 자신의 한 지체로 여기고 살아가시기 때문에 그리스도의 교회의 길에서 벗어나면 안 되는 것입니다. 자기는 독립된 존재가 아니라 교회의 한 분자로 생각하고 그 교회의 공동체 하나로 자신을 생각하고 살아야 머리 되신 그리스도로부터 평안을 얻을 수 있게 됨을 알아야 합니다.

어떤 경우 주일날 공장에서 일해야 하는 사람은 주일날 안식을 어떻게 얻느냐고도 이와 관련하여 생각해 볼 문제입니다. 육체는 공장에서 일하고 있기에 안식

을 못하고 있지만 그 마음은 하나님 나라의 평안을 가지고 있어야 합니다. 주일날 할 수 없이 일하고 있으니까 하나님 나라의 평안을 가지지 못한다고 불안해할 필요가 없습니다. 비록 신자가 할 수 없이 그런 상황 가운데 처하더라도 마음에서는 하나님 나라의 안식을 취하고 있어야 합니다. 어려운 일이지만 믿음을 회복하고 하나님 나라의 평안을 마음속에 이루어야 하는 것입니다. 마음 상태가 중요합니다.

◆ 진정한 성도의 교통

끝으로 우리가 믿는 사도신경에 성도가 서로 교통하는 것을 우리는 믿고 있습니다. 이때 성도의 교통은 교회에서 서로 친목하고 즐겁게 지내는 것이 진정한 성도의 교통은 아니라는 것입니다. 진정한 성도의 교통은 하나님과 그리스도의 사명의 길에 서 있는 신자들이 하나님과 그리스도의 공동 목적을 향해서 나아갈 때 하는 교통이 성도의 교통입니다. 이때 예수님께서 주시는 참된 평안을 맛보고 그것을 나타내어야 비로소 하나님 나라의 속성이 나타나게 됩니다.

교회 중직 여러분들이 우리 교회에서 주신 삼중복음화의 사명을 위해 같은바 은사대로 성실히 섬겨 나아갈 때 예수님의 평안은 오늘 여러분들에게 약속된 대로 여러분에게 주어지는 것입니다. 그래서 그리스도께서 여러분을 보존하시고 평안을 주시며 또 여기에 그리스도의 안정 보장이 있다고 보는 것입니다. 말씀을 정리하며 마치고자 합니다.

예수님은 그리스도시요 살아계신 하나님의 아들입니다. 예수님이 하나님의 아들 그리스도라는 증거로 십자가에서 우리의 죄를 대신해서 피 흘려 죽으시고 죽은 자들 가운데서 부활하셨습니다. 이 예수님이 하나님의 아들, 예수님이 그리스도, 그리스도 십자가 대속의 죽음과 부활의 복음으로 우리 인생의 모든 문제가 처리되고 해답을 얻습니다. 이 십자가 대속의 피의 복음으로 깊이 뿌리내리기를 기원합니다.

참되게 십자가 대속의 피의 복음에 뿌리를 가진 그

리스도인은 예수님의 멍에를 메고 온유하고 겸손하신 예수님께 배워야 합니다. 이때 복음 받은 그리스도인은 예수님의 평안, 곧 하나님 나라의 평안을 얻게 됩니다. 이때 온유하고 겸손하신 예수님께 배운다는 것은 곧 예수님의 마음을 배우는 것이었습니다. 그리고 예수의 멍에를 멘다는 것은 결국 예수님의 지상명령을 따라 순종하고 복종하는 것이었습니다. 그럴 때 예수님은 그런 자에게 자신의 평안을 주시겠다고 약속하셨습니다.

◆ 예수님이 주시는 평안은 요지부동한 평안이다

예수님이 주시는 평안은 세상이 주는 것과 전혀 다릅니다. 어떤 위기 상황에서도 예수님이 주시는 평안은 요지부동한 평안입니다. 여러분이 복음에 깊이 뿌리를 내리고 십자가에 여러분 자신을 못 박아 죽은 자로 언제든지 생각하면서 예수님의 지상명령인 세계복음화, 삼중복음화 명령에 순종하며 살아간다면 이러한 놀라운 평안 속에 살 수가 있을 것입니다.

참되게 예수님을 하나님 아들로 믿을 것입니다. 그리고 이 믿음을 통해서 여러분이 성령의 충만함을 받고 이 성령의 권능으로 하나님 사랑과 이웃 사랑의 전도자로 살아갈 때 여러분의 사명의 현장 속에서 언제든지 하나님 나라의 평안이 여러분을 지켜주실 것입니다.

다 같이 한 일 분 기도하겠습니다. 예수님을 그리스도로 하나님의 아들로 믿는 신앙을 회복하고 이 신앙을 통해서 임하시는 성령의 권능으로 충만 받도록 기도하겠습니다.

살아계신 아버지 하나님!

하나님 은혜를 감사합니다.

오늘 우리에게 예수님을 하나님의 아들, 신성의 주님으로 굳게 믿게 하시고, 또 우리를 대신해서 십자가에서 못 박혀 죽으신 그리스도로 참된 믿음을 갖게 하셔서 감사합니다.

이 믿음으로 충만케 하시고 성령으로 충만케 하셔서 주님이 주신 귀한 멍에, 십자가의 멍에를 멜 뿐만 아니라 삼중복음화 예수 제자로서의 삶을 살아가게 하옵소서. 우리에게 주어진 은사대로 그리스도 교회를 섬겨나갈 때에 우리 하나님께서 주신 평안이 저들의 삶을 지키고 저들의 가정을 지키고 저들의 삶의 현장을 지키셔서 이 평안으로 세상에 나아가 평안 없는 세상 사람들에게 평안의 복음의 발걸음이 되고 주관자가 되게 역사해 주옵소서.

예수 그리스도 이름으로 기도하옵나이다. 아멘.

그리스도가 주시는 평안의 복음
The Gospel of Peace Christ Gives; My Peace I Give You

"나의 평안을 너희에게 주노라 내가 너희에게 주는 것은

세상이 주는 것과 같지 아니하니라"(요 14:27).

"그리스도 안에 세상이 알지 못하는 평안이 있습니다. 위기 시에도 하나님의 평안은 요지부동입니다. 그리스도의 멍에를 멜 때에 이 평안과 안식을 얻습니다."

저자 소개

◆

◆

◆

임덕규

육군사관학교 졸업
서울대학교 법대 및 동대학원 졸업(법학 박사)
대한신학교 졸업
아세아연합신학대학원 졸업(M.A., M.Div.)
육군사관학교 법학과 교수 역임
대한예수교장로회(대신) 충성교회 담임목사
홈페이지: http://onlychrist.onmam.com
App: "충성교회", 혹은 "충성복음교회"로 검색

임덕규 신앙강좌 시리즈

1. 신구약을 관통하는 그리스도(복음공과)

임덕규 지음/ 신국판/ 352면

신구약을 관통하는 그리스도를 드러내어 예수님이 하나님의 아들 그리스도이심을 믿고 인생 모든 문제의 답을 얻도록 하기 위한 교재이다.

2. 인생 모든 문제의 해답 Ⅰ

임덕규 지음/ 신국판/ 360면

인생의 구체적인 문제들을 복음의 관점에서 다루며 인생 모든 문제의 해결자이신 그리스도를 만나는 길과 복음의 본질에 대하여 자세히 안내한다.

3. 인생 모든 문제의 해답 Ⅱ

임덕규 지음/ 신국판/ 368면

복음과 구원의 서정과 확신에 대하여 성경적으로 교리적으로 설명하고, 전도와 선교, 그리고 교회 절기와 교회 생활 등 실제적인 내용을 다룬다.

4. 인생 모든 문제의 해답 III

김덕규 지음/ 신국판/ 352면

그리스도인의 성숙한 가치관과 인격에 대하여 다루고 그리스도인이 불신 세상을 향하여 변증할 수 있도록 타종교와 일반 학문에 대한 평가를 다룬다.

5. 복음과 성령충만 I

임덕규 지음/ 신국판/ 298면

복음과 성령충만의 의미와 본질에 대하여 바로 이해하고 성령충만의 방법, 체험에 관하여 제대로 배워서 복음전도를 잘 감당하도록 돕는다.

6. 복음과 성령충만 II

임덕규 지음/ 신국판/ 300면

구약에서 선포된 복음에 대하여 설명하고 복음과 성령의 사역 그리고 복음과 그리스도인의 신앙의 관계를 다루며 성령충만의 실제 모습을 보여준다.

7. 하나님을 만나는 길

임덕규 · 박철동 지음/ 신국판/ 376면

성경의 핵심인 그리스도의 피의 희생제사를 통해 인간이 하나님께 나아갈 수 있고, 하나님을 만날 수 있다는 진리를 전해주고 있다.

8. 신구약을 관통하는 그리스도(완결편)

임덕규 지음/ 신국판/ 472면

조직신학적 관점에서 그리스도를 알고 그리스도의 복음 체질로 변화되어 삶에서 복음의 능력을 나타내는 권능 있는 증인이 되도록 돕는다.

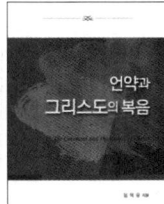

9. 언약과 그리스도의 복음

임덕규 지음/ 신국판 양장/ 304면

성경의 3가지 언약 곧 구속 언약, 행위 언약, 은혜 언약의 관점에서 구속사의 흐름을 따라 하나님의 언약과 그리스도의 복음을 기술하였다.

복음이란 무엇인가 시리즈

복음이란 무엇인가? 1
예수, 그는 누구신가?

임덕구 지음/ 46판/ 72면

평신도 전도용으로 쉽게 예수님이 누구신지에 대해서 저술하고 있다. 예수 그리스도는 구원의 주로서 그리스도시요, 살아지신 하나님의 아들이다.

복음이란 무엇인가? 2
예수, 그는 무엇을 하셨는가?

임덕규 지음/ 46판/ 120면

그리스도의 죽음과 부활은 구약성경에 이미 수천 년 전에 예언되어 있었고, 그 예언대로 예수님이 이 세상에 오셔서 성취하셨다. 이 진리를 확신하는 사람은 구원을 얻는다.

복음이란 무엇인가? 3
예수는 그리스도

임덕규 지음/ 46판/ 88면

신·구약성경의 주제는 한마디로 "예수 그리스도"이다. 예수는 "하나님의 아들 그리스도"이시며 또한 제사장, 선지자, 왕의 세 가지 직함을 이루신 그리스도이시다.

복음이란 무엇인가? 4
세상의 빛, 그리스도

임덕규 지음/ 46판/ 88면

복음의 빛을 받는다는 의미를 참되게 깨달아, 마음에 그리스도의 빛을 받고 세상의 빛이 되어 어둔 세상에 그리스도의 은혜를 비추어 증거하는 증인이 되도록 도전한다.

복음이란 무엇인가? 5
청년의 때에 예수를 만나라

임덕규 지음/ 46판/ 88면

솔로몬 왕은 청년의 때에 너의 창조주를 기억하라고 권고했다. 즉 본서는 젊을 때에 예수님을 창조주 하나님으로 믿고 인격적으로 예수님을 만나야 한다고 권고한다.

복음이란 무엇인가? 6
로마법과 그리스도의 십자가

임덕규 지음/ 46판/ 168면

그리스도의 재판 절차를 통해 당대 세계 최고인 로마법에 의해 실상 그리스도의 무죄가 입증되었음과 그리스도의 죽음이 인류의 구속을 위한 역사적 사건임을 보여준다.

복음이란 무엇인가? 7
하나님 체험 · 말씀(그리스도) 체험

임덕규 지음/ 46판/ 104면

말씀을 통해 하나님을 만나고 체험한 신앙의 인물들과 성경, 고회사 속의 인물들을 보여 주며 진리의 말씀되신 그리스도를 체험하여 세상의 빛으로 살아갈 것을 촉구한다.

복음이란 무엇인가? 8
발 씻기심의 복음

임덕규 지음/ 46판/ 160면

예수님의 발 씻기심은 겸손과 섬김의 본을 위한 것이 아니라 죄 사함의 십자가 복음이다. 십자가 사랑과 죄 사함을 바로 깨달아 자유인이지만 종으로 섬김의 삶을 살 것을 촉구한다.

복음이란 무엇인가? 9
염려하지 말라 예수가 그리스도다

임덕규 지음/ 46판/ 184면

염려를 단순하고 명확한 실체이자 세력으로 정의하며, 이 세력을 상대하기 위한 해결책을 제시한다. 그것은 바로 하나님과 그의 아들 예수 그리스도를 믿는 믿음이다.

복음이란 무엇인가? 10
오직 한 길

임덕규 지음/ 46판/ 136면

그리스도는 하나님께 나갈 수 있는 유일한 길과 진리이며 생명이다. 그리스도에 대한 참된 믿음으로 영생을 소유할 뿐 아니라 현재 삶에서도 참된 행복을 누리기를 권면한다.

복음이란 무엇인가? 11
그리스도와의 연합과 그 열매들

임덕규 지음/ 사륙판 양장/ 296면

그리스도와의 연합은 성령의 역사로 이루어지며, 이를 통해 신자의 구원이 시작되고, 사랑의 열매를 맺을 수 있기에 구원의 핵심 진리라고 설명한다.

복음이란 무엇인가? 12
개혁주의 기독교와 천주교 무엇이 다른가?

임덕규 지음/ 사륙판 양장/ 168면

타종교를 포섭하기 위해 위장된 모습을 보이는 천주교의 실상을 개혁주의 기독교와 비교하면서 일반 독자들도 알기 쉽게 설명하고 있다.

복음이란 무엇인가 시리즈-중국어판

什么是福音？系列丛书 1

耶稣，他是谁？(『예수, 그는 누구신가?』, 중국어판)
任 德 圭/ 128X188/ 64p

什么是福音？系列丛书 2

耶稣，他做了什么？(『예수, 그는 무엇을 하셨는가?』, 중국어판)
任 德 圭/ 128X188/ 96p

什么是福音？系列丛书 3

耶稣是基督 (『예수는 그리스도』, 중국어판)
任 德 圭/ 128X188/ 78p

什么是福音？系列丛书 4

世上的光-基督 (『세상의 빛, 그리스도』, 중국어판)
任 德 圭/ 128X188/ 70p

什么是福音？系列丛书 5

趁着年轻要见到耶稣 (『청년의 때에 예수를 만나라』, 중국어판)
任 德 圭/ 128X188/ 68p

什么是福音？系列丛书 6

罗马律法和基督的十字架 (『로마법과 그리스도의 십자가』, 중국어판)
任 德 圭/ 128X188/ 80p

什么是福音？系列丛书 7

体验神、体验话语(基督) (『하나님 체험·말씀(그리스도) 체험』, 중국어판)
任 德 圭/ 128X188/ 80p

什么是福音？系列丛书 8

服侍的福音 (『발 씻기심의 복음』, 중국어판)
任 德 圭/ 128X188/ 128p

什么是福音？系列丛书 9

耶稣，他是谁？ (『염려하지 말라 여수가 그리스도다』, 중국어판)
任 德 圭/ 128X188/ 64p

什么是福音？系列丛书 ⑩

唯有这路 (『오직 한 길』, 중국어판)
任 德 圭/ 128X188

임덕규 신앙강좌 시리즈-중국어판

林德奎信仰讲座系列 ⑧

贯通新旧约的基督(完结版) (『신구약을 관통하는 그리스도 (완결편)』, 중국어판)
林德奎/ 152X225/ 408p

복음이란 무엇인가 시리즈-영문판

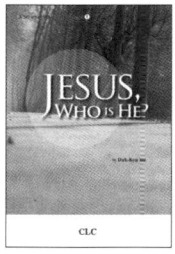

A Series of What is the Gospel 1

Jesus, Who is he?(『예수 ,그는 누구신가?』, 영문판)

Duk-Kyu Im/ 128X188/ 80p

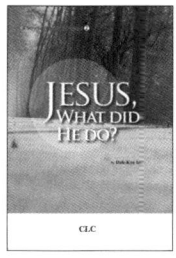

A Series of What is the Gospel 2

Jesus, What did He co?(『예수 그는 무엇을 하셨는가?』, 영문판)

Duk-Kyu Im/ 128X188

신앙사경회 시리즈

1. 이사야서에서 그리스도와의 만남

임덕규 지음/ 신국판 양장 / 376면

이사야서와 예수 그리스도의 관계를 중심으로 사경회에서 선포한 강해설교집이다. 이사야서 전체에서 예수 그리스도에 대해 어떤 말씀을 하고 있는지, 상세한 주해를 통해 강해하고 있다.

2. 사탄과의 영적 싸움에서 승리하는 삶

임덕규 지음/ 신국판 양장 / 392면

일상의 삶 속에서 나타나는 영적 싸움의 승리의 비결이 신구약을 관통하는 승리자 그리스도의 복음에 있음을 강해한다.

임덕규 신앙강좌 시리즈-영문판

A Series of Faith Lecture ⑪
A Critique on The Theology of Tom Wright
undermining the Reformed Church(『개혁교회를 무너뜨리는 톰라이트』, 영문판)

Duk-Kyu Im/ 152X225/264p

그리스도가 주시는 평안의 복음

The Gospel of Peace Christ Gives; My Peace I Give You

그리스도가 주시는 평안의 복음

The Gospel of Peace Christ Gives; My Peace I Give You

2018년 4월 15일 초판 발행

지 은 이 | 임덕규

편 집 | 정희연, 곽진수
디 자 인 | 노수경, 전지혜
펴 낸 곳 | 사)기독교문서선교회
등 록 | 제16-25호(1980. 1. 18)
주 소 | 서울시 서초구 방배로 68
전 화 | 02) 586-8761~3(본사) 031) 942-8761(영업부)
팩 스 | 02) 523-0131(본사) 031) 942-8763(영업부)
홈페이지 | www.clcbook.com
이 메 일 | clckor@gmail.com
온 라 인 | 기업은행 073-000308-04-020, 국민은행 043-01-0379-646
           예금주: 사)기독교문서선교회

ISBN 978-89-341-1802-2 (03230)

* 낙장·파본은 교환해 드립니다.

이 도서의 국립중앙도서관 출판시 도서목록(CIP)은 서지정보유통지원시스템 홈페이지(http://seoji.nl.go.kr)와 국가자료공동목록시스템(http://www.nl.go.kr/kolisnet)에서 이용하실 수 있습니다.
(CIP제어번호: CIP2018008785)